はじめに

OECDが2012年に「BEPS」（Base Erc

税源浸食と利益移転）プロジェクトを立ち上げて、多国籍企業による課税所得の人為的な操作や課税逃れに対抗するようになってから、十年以上が経ちました。

この間、「BEPSプロジェクト」では、15項目の「BEPS行動計画」に沿って、国際的な議論が行われ、2015年に、それらに関する国際課税ルールの見直しなどを示す「最終報告書」が公表され、その内容の多くが、我が国においても毎年度の税制改正などを通じて次々と取り入れられてきました。

例えば、平成27年度税制改正における「国境を越えた役務提供に対する消費税の見直し」（BEPS行動計画１）、平成28年度税制改正における「移転価格文書に係る制度の見直し」（BEPS行動計画13）、平成29年度税制改正における「外国子会社合算税制の見直し」（BEPS行動計画３）、令和元年度税制改正における「過大支払利子税制の見直し」（BEPS行動計画４）などがあり、国際税務に関わる方々にとっては、今や当然のルール・制度となっている印象があります。

しかし、その一方で、経済のグローバル化・デジタル化に伴う法人課税上のいくつかの重要な問題については積み残しとなり、更なる議論が行われることとなりました。そして、当初OECD租税委員会で始まった「BEPSプロジェクト」は、その門戸を広く

OECD非加盟国にも開けたOECD/G20「BEPS包摂的枠組み」（Inclusive Framework on BEPS）へと発展し、次第にその参加国を増やしていき、今では147の国と地域が含まれる、極めて大きな国際協調となりました。

このような「BEPS包摂的枠組み」における取組みは「BEPS 2.0」とも呼ばれるようになり、最終的には2021年に、市場国への新たな課税権の配分を定める「第１の柱」と、グローバル・ミニマム課税の導入を定める「第２の柱」の２本柱からなる対応策として、国際的な合意に結実しました。

本書は、この「第２の柱」として全世界的に導入される「グローバル・ミニマム課税」（Global Minimum Tax：GMT）を我が国において実施するものとして、令和５年度税制改正で国内法制化がなされ、令和６年度税制改正で追加の手当てがなされた「各対象会計年度の国際最低課税額に対する法人税」（GMT法人税）のコンパクトガイドとして執筆されたものです。

本税制は、既存の法人所得課税とは異なる思想で設計されている部分が多く、また、あらゆる場面を想定した非常に網羅的な構造となっていることから、その理解は容易ではありません。そのため、本書の記述においては、全体像の見通しと制度の骨格となる部分の説明に注力し、技術的かつ詳細な内容については、あまり立ち入らないようにしました。また、読者がイメージしやすくなるよう、可能な限り図表を用いた解説を心掛けるとともに、制度を深く理解する上で欠かせないポイントについては「重要事項解説」に、読者の参考になると考えられる内容や語句については「参考」や「Keyword」に、それぞれまとめました。

「グローバル・ミニマム課税」に関しては、現時点では、課税対象となっていない企業や課税対象であるとしても追加の税負担があまり発生しない企業が多いと見込まれていますが、そのことは本税制について理解しなくても良いことを意味するものではありません。時間的な制約のある方であっても、まずは第2部第Ⅳ章（国際最低課税額の計算：全体像）と第4部（事例解説）を読んで、本税制の概要と国際最低課税額の大まかな計算の流れを理解いただければと思います。

内容については著者の力量不足により、十分意を尽くせなかった点もございますので、お気づきの点がございましたら、ご意見をお寄せいただければ幸いです。

最後に、出版に当たって、一般財団法人大蔵財務協会・編集局諸氏の多大なご尽力に感謝申し上げます。

令和6年6月

著　者

〔目　次〕

第2部 「各対象会計年度の国際最低課税額に対する法人税」の概要

第3部 「特定多国籍企業グループ等報告事項等」の提供制度の概要

第４部　事例解説

【凡　　例】

本書中、（　）内に引用している法令等は、次の略称を使用しています。

(1) 法　　令

法　法………………法人税法
法　令………………法人税法施行令
法　規………………法人税法施行規則
地法法………………地方法人税法
地法規………………地方法人税法施行規則
令５改正法附則…所得税法等の一部を改正する法律（令５法律第３号）附則
令５改正法令附則…法人税法施行令の一部を改正する政令（令５政令第208号）附則
令５改正法規附則…法人税法施行規則の一部を改正する省令（令５財務省令第47号）附則

(2) 通　達　等

法基通……………………法人税基本通達

(3) 例　　示

法法82の２①一イ………法人税法第82条の２第１項第一号イ

（注）　本書は、令和６年４月１日現在の法令・通達等によっています。

第１部

グローバル・ミニマム課税とは

I　はじめに

1　導入の背景

経済のグローバル化が急速に進展するにつれ、多国籍企業の活動実態と既存の各国税制や国際課税ルールとの間のずれが生じたことに伴い、一部の多国籍企業がその課税所得を人為的に操作して課税逃れを行っている問題が指摘されるようになりました。この問題は、BEPS（税源浸食と利益移転：Base Erosion and Profit Shifting）と呼ばれるようになり、それに対処するため、経済開発協力機構（OECD）は、2012年よりBEPSプロジェクトを立ち上げました。

このBEPSプロジェクトでは、15項目の「BEPS行動計画」が策定され、2015年に各項目に関する対応策が「最終報告書」としてとりまとめられましたが、経済のデジタル化に伴う法人税に関する課題については、その時点では具体的なルール整備には至りませんでした。その後、さらなる検討を経て、2021年10月に、OECD/G20「BEPS包摂的枠組み」（Inclusive Framework on BEPS）において、市場国への新たな課税権の配分（第１の柱：Pillar 1）とグローバル・ミニマム課税（第２の柱：Pillar 2）の「２本の柱」からなる解決策が最終的に合意されるに至りました。

2　いわゆる「第２の柱」

「第２の柱」として位置付けられたグローバル・ミニマム課税は、大規模な多国籍企業グループを対象に、一定額を除いた所得について各国で15％以上の課税がなされた状態を実現しようとする制度であり、これは、法人税率の低い国や優遇税制のある国に多国籍企業の子会社などが集まることで、各国の法人税収が減少し、企業間の公平な競争が妨げられる問題（いわゆる「底辺への競争」）に対処するためのものとされています。

2021年の最終合意以降、BEPS包摂的枠組みでは、同年12月に、各国が国内法整備に当たって参照すべきモデルルール（Global Anti-Base Erosion Model Rules）（いわゆる「GloBEルール」）が、2022年３月には、当該モデルルールに係るコメンタリー（Commentary to the Global Anti-Base Erosion Model Rules）が、それぞれ承認されました。その後も、2022年12月に、納税者の事務負担軽減を目的とした適用免除基準（セーフ・ハーバー）に関するガイダンスが、2023年２月以降は、コメンタリーを補足する「執行ガイダンス（Administrative Guidance）」が順次公表され、以後も様々な文書がOECDより公表されています。

制度の詳細についての議論は未だ継続されており、今後も追加的な執行ガイダンスなどの形で順次公表されていくことが見込まれていることから、今後の法制化などにおいても、それらを考慮した改正などがなされることが想定されます。

参考　グローバル・ミニマム課税に関するOECDの公表文書

GloBEルール

・Global Anti-Base Erosion Model Rules (Pillar Two)（2021年12月20日公表）

GloBEルールの逐条解説（コメンタリー）

・Commentary to the Global Anti-Base Erosion Model Rules (Pillar Two), First Edition（2022年3月14日公表）

執行ガイダンス

・Administrative Guidance on the Global Anti-Base Erosion Model Rules (Pillar Two)（2023年2月2日公表）

・Administrative Guidance on the Global Anti-Base Erosion Model Rules (Pillar Two), July 2023（2023年7月17日公表）

・Administrative Guidance on the Global Anti-Base Erosion Model Rules (Pillar Two), December 2023（2023年12月18日公表）

GloBE情報申告書関連

・GloBE Information Return (Pillar Two)（2023年7月17日公表）

適用免除基準（セーフ・ハーバー）と罰則の免除関連

・Safe Harbours and Penalty Relief: Global Anti-Base Erosion Rules (Pillar Two)（2022年12月20日公表）

事例集

・Global Anti-Base Erosion Model Rules (Pillar Two) Examples（2022年3月14日公表）

実装ハンドブック

・Minimum Tax Implementation Handbook (Pillar Two)（2023年10月11日公表）

その他

・The Pillar Two Rules in a Nutshell（2023年7月公表）

・Overview of the Key Operating Provisions of the GloBE Rules（2023年7月公表）

・Frequently asked questions（2023年7月公表）

参考 もう一つの柱「Pillar 1」とは？

「第1の柱（Pillar 1）」は、市場国への新たな課税権の配分を目的とする「利益A（Amount A）」と、基礎的な販売活動などに関する簡素化された移転価格税制の執行を目的とする「利益B（Amount B）」から成り立っています。

このうち、「利益A」は、売上高200億ユーロ超、利益率10％超という、かなりの大規模かつ高利益水準の多国籍企業グループを対象に、利益率10％を超える部分である残余利益のうち、その25％について新たな課税権として各市場国に配分する仕組みです。

既存の国際課税ルールでは、市場国に支店などの恒久的施設（Permanent Establishment：以下「PE」といいます。）がなければ市場国での課税を行うことができない状況（いわゆる「PEなければ課税なし」の原則）にありましたが、インターネット等を通じてPEを置かずに市場国で十分なビジネスを行うことができる企業が増加する中で、「PEなければ課税なし」の原則を貫くことの弊害が見られるようになりました。「利益A」は、そういった問題への対応策と位置付けられています。

2023年7月にBEPS包摂的枠組みから発表された声明においては、「第1の柱」に係る実施目標として、2023年末までに多数国間条約の署名式を行い、2025年中の発効を目指すこととされていましたが、交渉が難航した結果、2024年6月末までに最終合意、その後速やかに署名式典の実施となることが見込まれています。

我が国においても、令和7年度以降の税制改正による国内法制化が想定されるところであり、今後の動向が注目されます。

OECD/G20による国際的な合意枠組み

1　GloBEルール

BEPS包摂的枠組みの2021年の最終合意において、GloBEルールは、「コモン・アプローチ」と位置付けられており、その各参加国は、必ずしもグローバル・ミニマム課税制度の採用を要求されない一方、採用するのであれば、GloBEルールをはじめとする国際的な合意枠組みに整合的な国内法制化をすることなどが求められています。

GloBEルールは、グローバル・ミニマム課税に関する２つの国際課税ルール、すなわち、「所得合算ルール」（Income Inclusion Rule：以下「IIR」といいます。）と「軽課税所得ルール」（Undertaxed Profits Rule：以下「UTPR」といいます。）によって構成されていますが、これらに加えて子会社などの所在地国の国内法に基づく同様なミニマム課税制度である「適格国内ミニマムトップアップ課税」（Qualified Domestic Minimum Top-up Tax：以下「QDMTT」といいます。）についても、GloBEルールと大きく関係しています。

さらに、そのようなグローバル・ミニマム課税の適切な執行を担保するため、その課税に関して必要な情報を多国籍企業グループが各国の税務当局に提供する「GloBE情報申告」（GloBE Information Return：以下「GIR」といいます。）制度も併せて整備されています。

グローバル・ミニマム課税におけるGloBEルール（IIR・UTPR）は、以下のような順序に従って適用されることとなっており、各国の国内法制もこれに準拠しています。

GloBEルール適用プロセス

Step1：適用対象となる多国籍企業グループ及び構成事業体（Constituent Entity）の特定

多国籍企業グループがGloBEルールの適用対象かを判定し、グループを構成する事業体（構成事業体）とその所在地国を特定。

Step2：GloBE所得・損失（GloBE Income or Loss）の決定

財務諸表上の純損益からスタートし、一定の調整などを通じて各構成事業体のGloBE所得・損失を決定。

Step3：調整後対象租税（Adjusted Covered Taxes）の決定

財務諸表上の対象租税（Covered Taxes）を特定し、一定の調整などを通じて各構成事業体の調整後対象租税を決定。

Step4：実効税率（ETR）及びトップアップ税額（Top-up Tax）の計算

国・地域別のETRを計算し、最低税率（15%）を下回る国・地域について、各構成事業体のトップアップ税額を計算。

Step5：所得合算ルール（IIR）と軽課税所得ルール（UTPR）の適用

Step4のトップアップ税額の割当てを受けた国・地域において、IIR/UTPRによって課税。

（出典：『令和５年度　税制改正の解説』財務省HP、750頁の図に基づき作成）

2　所得合算ルール（IIR）

IIRとは、GloBEルールにおける中核的なルールであり、「国際的な活動を行う企業グループ」（Multinational enterprise group：以下「多国籍企業グループ」といいます。）に属する子会社などの所在する国・地域（所在地国）における実効税率が最低税率（15％）を下回る場合に、その不足している税額部分を「トップアップ税額」として計算し、トップアップ課税（追加の課税）を親会社などの所在地国で、当該親会社などに対して行うことで、その多国籍企業グループにおける当該所在地国に係る税負担が最低税率相当となるようにする仕組みです。

例えば、Ｐ国に所在する親会社（Ｐ社）とＳ国に所在する子会社（Ｓ社）からなる多国籍企業グループがある場合において、Ｓ国における実効税率が10％であったとすると、Ｓ社の課税ベース（所得）から一定の実質ベース所得除外額を控除した金額に対して、最低税率（15％）と実効税率（10％）の差分に相当するトップアップ税率（５％）を乗じた金額が、Ｓ社に係るトップアップ税額として発生します。

そして、Ｐ国においてIIRが導入されている場合、そのトップアップ税額は、原則としてＰ国において、Ｐ社に対して、通常の法人税にトップアップする形でグローバル・ミニマム課税が行われます。

トップアップ税額計算のイメージ

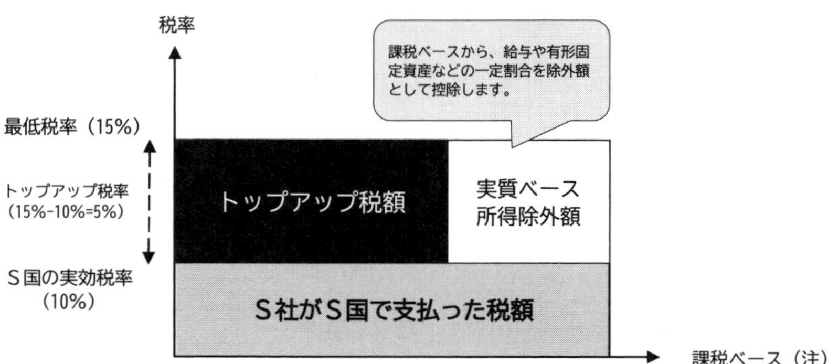

（注）　課税ベースは、財務諸表の当期純利益などに基づいて算出されます。

（出典：「グローバル・ミニマム課税への対応に関する改正のあらまし」国税庁 HP、令和５年４月、２頁の図に基づき作成）

3　軽課税所得ルール（UTPR）

UTPRとは、親会社などの所在地国がIIRを導入していないなどの理由により、ある多国籍企業グループにおいて、ある国で発生したトップアップ税額がその親会社などにおいて課税されていない場合、その未課税であるトップアップ税額のうち所定の計算式に基づいて配分された一定の金額について、当該多国籍企業グループの子会社などが所在する別の国において課税がなされる仕組みです。

これは、多国籍企業グループの親会社などの所在地国における実効税率が最低税率を下回る場合に、その親会社などの所在地国で発生するトップアップ税額に対しても適用されることとされています。

制度上、UTPRは、IIRのもとでトップアップ税額に対する課税が行われない限定的な状況においてのみ適用されることが想定されています。これは、仮にIIRのみで制度が構成されている場合、親会社などの所在地国においてトップアップ税額に対する課税がなされるというIIRの特徴を逆手にとって、多国籍企業グループがトップアップ税額に対する課税を回避するような行動をとることが想定されるためです。

例えば、IIR導入国に親会社が所在し、IIR非導入国に子会社などが所在しているような事例において、それらの会社等の資本関係を逆転させるような組織再編を行って、親会社等がIIR非導入国に、子会社などがIIR導入国に、それぞれ所在している状態とすることで、グループで発生したトップアップ税額に対する課税がいずれの国においても行われない状況を作り出すことが考えられます。

そこで、IIR だけだなく、UTPR によって子会社などの所在地国においてもトップアップ税額に対する二次的な課税がなされることで、多国籍企業グループに対するトップアップ税額が漏れなく課されることが想定されています。

例えば、Ｐ国に所在する親会社（Ｐ社）が、Ａ国に所在する子会社（Ａ社）とＢ国に所在する子会社（Ｂ社）をそれぞれ直接に100％保有している（つまり、Ａ社とＢ社が兄弟会社の関係にある）多国籍企業グループがある場合において、Ａ国における実効税率が10％で、Ｂ国における実効税率が20％であったとします。この場合、Ａ社の課税対象から一定の実質ベース所得除外額を控除した金額に対して、最低税率（15％）と実効税率（10％）の差分に相当するトップアップ税率（５％）を乗じた金額が、Ａ社に係るトップアップ税額として発生します。

ここで、Ｐ国において IIR が導入されていない場合、そのトップアップ税額がＰ国において課されることはありません。しかし、Ｂ国において UTPR が導入されている場合には、そのトップアップ税額がＢ国に配分され、例えばＢ社からＡ社へのロイヤリティの支払があった場合に、その損金算入が否認されるなどの形で、Ｂ社に対してグローバル・ミニマム課税が行われることになります。

このように、UTPR は IIR による課税を補完する機能を果たすこととなります。

UTPRにおける課税のイメージ

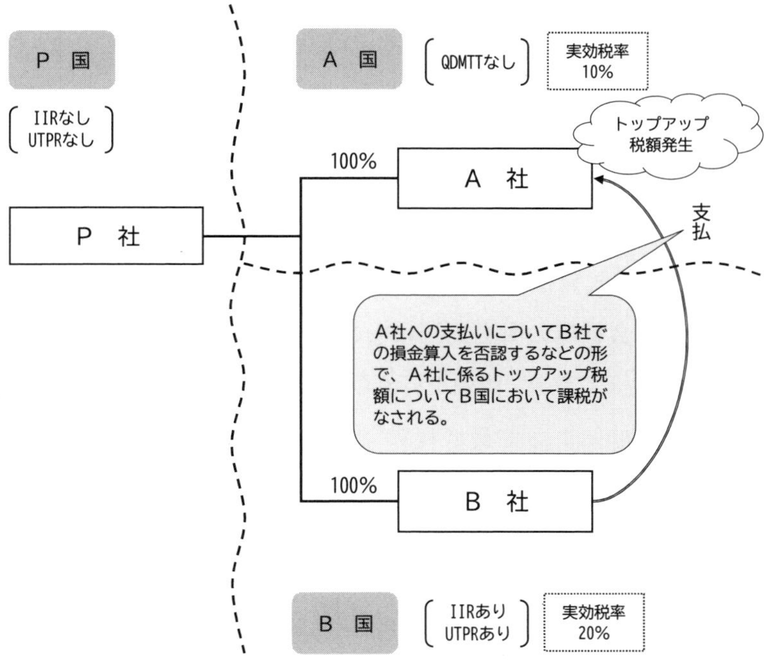

4　適格国内ミニマムトップアップ課税（QDMTT）

QDMTTとは、多国籍企業グループに属する会社等について、その所在地国における実効税率が最低税率を下回る場合に、（親会社の所在地国ではなく）その会社等の所在地国において当該会社等に対して、その税負担が最低税率に至るまで課税する仕組みです。

そのような会社等の所在地国におけるQDMTTは、GloBEルールと同様のトップアップ課税を行う制度であることが求められるものの、QDMTTによって最低税率（15%）相当まで会社等の所在地国で課税が行われた場合には、その税額を他国でのIIRやUTPRに基づく課税において計算された税額から控除することが認められます。

例えば、P国に所在する親会社（P社）とS国に所在する子会社（S社）からなる多国籍企業グループがある場合において、S国における実効税率が10%であったとすると、S社の課税対象から一定の実質ベース所得除外額を控除した金額に対して、最低税率（15%）と実効税率（10%）の差分に相当するトップアップ税率（5%）を乗じた金額が、S社に係るトップアップ税額として発生します。

しかし、S国においてQDMTTが導入されている場合、そのトップアップ税額に相当する金額について、S社に対するS国内でのミニマム課税がなされる結果、P国においてIIRが導入されていたとしても、P社に対するIIR課税の計算上、その金額がトップアップ税額から控除される結果、P社に対するグローバル・ミニマム課税はなされないこととなります。

したがって、QDMTTは、IIRやUTPRに基づく他国でのグローバル・ミニマム課税に係る税額を減殺する点において、他国での課税から自国に所在する会社等に対する課税権を防衛する機能を持つものといえます。

5 GloBE 情報申告（GIR）

GIR 制度は、グローバル・ミニマム課税における多国籍企業グループの各構成事業体に係る課税状況を正確に把握するために必要な情報を各国の税務当局に提供することを目的とした制度であり、対象となる多国籍企業グループにおいては、グローバル・ミニマム課税額の有無に関わらず、対象となる多国籍企業グループの組織構造に関する情報、国別の実効税率、各構成事業体のトップアップ税額の計算のために必要な情報などを、各国の税務当局に提供することが求められます。

GIR 制度においては、原則として、多国籍企業グループの各構成事業体がその所在地国の税務当局に対して情報提供することが想定されていますが、その所在地国と最終親事業体の所在地国との間で情報交換に係る一定の当局間合意がなされている場合には、多国籍企業グループの最終親事業体がその所在地国の当局に GIR を提供すれば足り、それ以外の各構成事業体の情報提供義務は免除される仕組みとなっています。

III 我が国におけるグローバル・ミニマム課税

1　IIR の国内法制化としての「各対象会計年度の国際最低課税額に対する法人税」の創設

令和５年度税制改正においては、GloBE ルールのうち所得合算ルール（IIR）に係る法制化（「各対象会計年度の国際最低課税額に対する法人税」の創設等）のみが行われ、残された軽課税所得ルール（UTPR）及び適格ミニマムトップアップ課税（QDMTT）については令和６年度税制改正での導入は見送られ、国際的な議論も踏まえながら、令和７年度以降の法制化を検討していくこととされています。

本書では、「各対象会計年度の国際最低課税額に対する法人税」について、その通称であるグローバル・ミニマム課税（Global Minimum Tax）の略字を用いて、「GMT 法人税」ということとし、「国際最低課税額」についても、同様に「GMT 額」といいます。

日本における国内法制化に際しては、グローバル・ミニマム課税が従来の国際課税ルールの見直しの一環として導入されるものであり、それが臨時的・特別的に措置する制度というよりも、国際課税上の新たな恒久的・一般的な制度であるといえることから、租税特別措置法ではなく、法人税法（本法）において既存の「各事業年度の所得に対する法人税」（いわゆる「法人所得税」）などと並列的に定められることとされました。

なお、令和５年度税制改正においては、内国法人に対するトップアップ課税について、その100分の90.7を「各対象会計年度の国際最低課税額に対する法人税」として法人税法で課税し（法法６の２、82の５）、残り（100分の9.3）を「特定基準法人税額に対する地方法人税」として地方法人税法で課税することとされています（地法法６②、24の２、24の3)。ただし、本書では、特に断りのない限り、両者をまとめて便宜的に「GMT法人税」といいます。

法人税法（本法）に定められている「法人税」

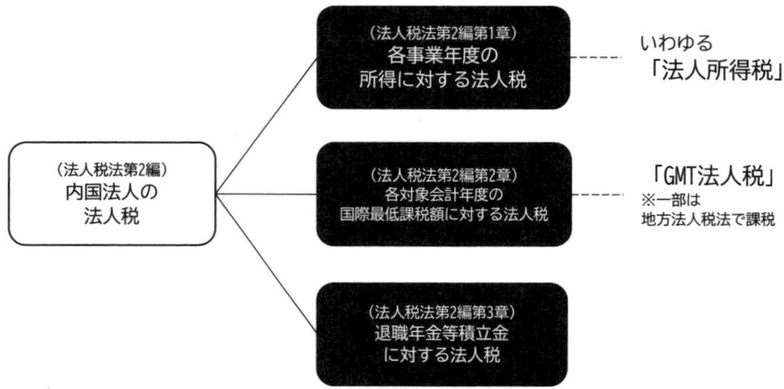

2　GIR の国内法制化としての「特定多国籍企業グループ等報告事項等」の提供制度の創設

GloBE ルールの導入に際しては、その円滑な実施のために、対象となる多国籍企業グループからさまざまな情報が当局に提供される必要があることから、グローバル・ミニマム課税に係る納税申告書の提出とは別に、GloBE 情報申告（GIR）制度という情報提供制度が設けられています。これには、構成事業体に関する情報、対象となる多国籍企業グループの組織構造に関する情報、国別の実効税率、各構成事業体のトップアップ税額の計算のために必要な情報等が含まれます。

令和５年度税制改正においては、IIR の国内法制化として GMT 法人税が創設されたことに伴い、GIR 制度の国内法制化として、「特定多国籍企業グループ等報告事項等」の提供制度が創設されました。

第 2 部

「各対象会計年度の国際最低課税額に対する法人税」の概要

各対象会計年度の国際最低課税額に対する法人税とは

令和５年度税制改正では、国際的に合意されたグローバル・ミニマム課税のルール（GloBEルール）のうち、所得合算ルール（IIR）に係る国内法制化として、「各対象会計年度の国際最低課税額に対する法人税」（GMT法人税）が創設されました。

グローバル・ミニマム課税は、グループの全世界での年間総収入金額が７億5000万ユーロ以上の多国籍企業グループを対象にしており、実質ベース所得除外額を除く所得について、各国で基準税率である15％以上の課税がなされた状態を実現することを目的としています。GMT法人税は、そのような多国籍企業グループの子会社などがある各所在地国に係る実質的な税負担が15％となっている状態に至るまで、我が国に所在する最終親会社などに対して、応分の国際最低課税額（GMT額）を課税標準とするトップアップ（上乗せ）課税が行われる制度です。

本部で説明するGMT法人税の仕組みは、基本的にGloBEルールに準拠しており、その検討過程についても、概ね次頁の表のように対応しています。

GloBE ルールと GMT 法人税の対応関係

GloBE ルール		GMT 法人税	本書の収載箇所
適用対象			
Step 1 (1) 適用対象となる 多国籍企業グループの特定	本税制の対象範囲	**納税義務者・課税対象・課税期間**	第Ⅱ章・第Ⅲ章（26頁以下）
多国籍企業グループが GloBE ルールの適用対象かを判定する。		課税対象となる特定多国籍企業グループ等に属する内国法人の判定などを行う。	
Step 1 (2) 構成事業体 （Constituent Entity）の特定		**国際最低課税額の計算対象**	第Ⅳ章（48頁以下）
グループを構成する事業体（構成事業体）とその所在地国を特定する。		国際最低課税額の計算対象となる子会社等を特定する。	
税額の計算			
Step 2 GloBE 所得・損失 （GloBE Income or Loss）の決定	実効税率の計算まで	**ステップ① 各社の所得額と租税額の計算 (1)個別計算所得等の金額の計算（個社単位）**	第Ⅴ章（62頁以下）
財務諸表上の純損益からスタートし、一定の調整などを通じて各構成事業体の GloBE 所得・損失を決定する。		各子会社等の個別計算所得等の金額（損益計算書上の当期純利益に一定の調整を行った金額）を計算する。	
Step 3 調整後対象租税 （Adjusted Covered Taxes）の決定		**ステップ① 各社の所得額と租税額の計算 (2)調整後対象租税額の計算（個社単位）**	第Ⅵ章（80頁以下）
財務諸表上の対象租税（Covered Taxes）を特定し、一定の調整などを通じて各構成事業体の調整後対象租税を決定する。		各子会社等の調整後対象租税額（損益計算書上の法人税等のうち対象租税であるものについて一定の調整を行った金額）を計算する。	
Step 4 (1) 実効税率（ETR）の計算		**ステップ② 各国の実効税率の計算 （国単位）**	第Ⅶ章（96頁以下）
国・地域別の ETR を計算する。		国別グループ純所得の金額（同一所在地国の全構成会社等の個別計算所得等の金額の合計額）と国別調整後対象租税額（同一所在地国の全ての子会社等の調整後対象租税額の合計額）に基づいて、国別実効税率を計算する。	

<table>
<tr><td rowspan="4">Step 4 (2)
トップアップ税額
(Top-up Tax) の計算

最低税率（15%）を下回る国・地域について、各構成事業体のトップアップ税額を計算する。</td><td rowspan="4">トップアップ課税の対象となる税額の計算</td><td>ステップ③
グループ国際最低課税額の計算
(国単位)</td><td>第Ⅷ章・第Ⅸ章
(102頁以下)</td></tr>
<tr><td colspan="2">国別実効税率が基準税率（15%）を下回る場合、国別グループ純所得の金額から実質ベース所得除外額を控除した金額に基準税率と国別実効税率の差分（トップアップ税率）を乗じて当期国別国際最低課税額算出するなどして、各国のグループ国際最低課税額を計算する。</td></tr>
<tr><td>ステップ④
会社等別国際最低課税額の計算
(個社単位)</td><td>第Ⅹ章
(138頁以下)</td></tr>
<tr><td colspan="2">個別計算所得金額に応じて、各子会社等の会社等別国際最低課税額を計算する。</td></tr>
<tr><td colspan="4">トップアップ課税の実施</td></tr>
<tr><td rowspan="2">Step 5 (1)
IIR の適用

最終親会社の所在地国などで、それらに対してトップアップ税額についてトップアップ課税を行う。</td><td rowspan="2">最終親会社などの所在地国における課税</td><td>ステップ⑤
国際最低課税額の計算
(内国法人単位)</td><td>第Ⅺ章
(142頁以下)</td></tr>
<tr><td colspan="2">内国法人の各子会社等に対する帰属割合に応じて計算された金額を合計して、その内国法人の国際最低課税額を計算する。</td></tr>
<tr><td>Step 5 (2)
UTPR の適用

IIR で未課税となっているトップアップ税額について、子会社の所在地国において補完的に課税を行う。</td><td>他のグループ会社の所在地国における課税</td><td colspan="2">UTPR については、我が国では令和7年度税制改正以降に導入される予定</td></tr>
</table>

（出典：『令和５年度 税制改正の解説』財務省 HP、750頁・751頁の図に基づき作成）

なお、表中「子会社等」とあるのは、連結子会社などが含まれる「構成会社等」と、ジョイント・ベンチャーなどが含まれる「共同支配会社等」（52頁参照）を総称しています。

このように、GMT 法人税は GloBE ルールに準拠していることから、本税制をより深く理解するには、GMT 法人税に関する資料だけでなく、OECD が公表している GloBE ルールに関する各種資料（５頁参照）も参考になります。

納税義務者・課税の対象

1　納税義務者

先述のとおり（17頁参照）GMT 法人税は「各事業年度の所得に対する法人税」（いわゆる「法人所得税」）などと並んで、「法人税」の一種として法人税法に規定されています。

そのため、法人税法により「法人税」を納める義務がある内国法人は、GMT 法人税についても、その納税義務者とされています（法法４①）。ただし公共法人は、法人所得税や GMT 法人税を含め「法人税」を納める義務はありません（法法４②）。

もっとも、GMT 法人税が課されるのは、「特定多国籍企業グループ等」に属する内国法人に限られます（法法６の２）。

また、後述のとおり、実際に課税標準となる GMT 額が生じるのは、「最終親会社等」、「中間親会社等」、「被部分保有親会社等」である内国法人に限られているため（法法82条の２①一イ括弧書き）、それらに該当しない内国法人には、GMT 法人税は課されません。

以下では、GMT 法人税の実質的な課税対象となる者の範囲を定める「特定多国籍企業グループ等」と GMT 法人税が課される内国法人の類型について説明します。

なお、多国籍企業（Multinational Enterprise）が一般に「MNE」と略称されていることから、本書では、関連する各用語について、下表のとおり略称表記を使用することとします。

（法令等における用語）	（本書における略称表記）
多国籍企業グループ等	MNE グループ等
特定多国籍企業グループ等	特定 MNE グループ等
特定多国籍企業グループ等報告事項等	特定 MNE グループ等報告事項等

2　特定多国籍企業グループ等

特定MNEグループ等とは、

①　MNEグループ等のうち（対象となる主体）、

②　各対象会計年度の直前の4対象会計年度のうち2以上の対象会計年度において（判定方法）、

③　その総収入金額が7億5000万ユーロを本邦通貨表示の金額に換算した金額以上であるもの（判定基準）、

をいいます（法法82四）。

以下では、それぞれの要素に分けて説明します。

(1)　対象となる主体

GMT法人税の適用対象となる「特定MNEグループ等」は、「MNEグループ等」のうち上記②③をいずれも満たしたものをいうとされていますが、これについては、下図に示すとおり、複数の概念が入れ子状になっていますので、順を追って説明します。

「特定MNEグループ等」のイメージ

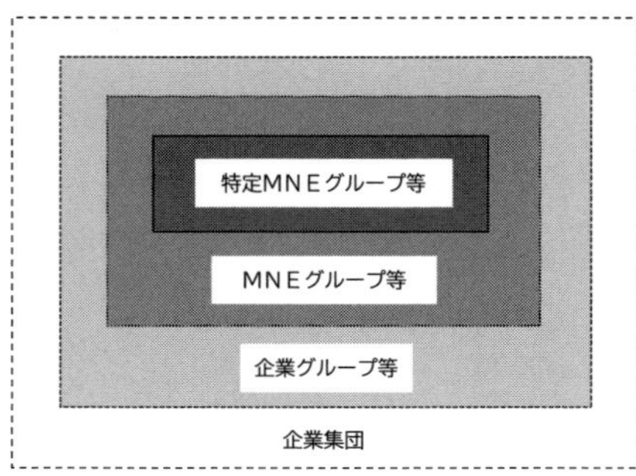

まず、「企業集団」とは、支配従属関係にある２以上の会社等（**「Keyword」**参照）のことをいいます。例えば、親会社と子会社からなる２つの会社等は、「企業集団」となります。

そして、「企業グループ等」とは、次の会社等に係る企業集団のうち、最終親会社に係るものをいいます（法法82二イ、法令155の４②、法規38の５）。

①　連結等財務諸表（**「重要事項解説」**参照）にその財産・損益の状況が連結して記載される会社等（いわゆる連結子会社）

②　上記①の計算書類において「重要性の乏しいこと」又は「譲渡目的保有」を理由として連結の範囲から除かれる会社等

そのため、例えば、連結子会社と連結孫会社からなるサブ連結グループがあったとしても、それは最終親会社に係るものではないため、それはここでいう「企業グループ等」には該当しないこととなります（法基通18－１－１）。

なお、詳しくは51頁以下で説明しますが、このような「企業グループ等」に属する「会社等」とその「恒久的施設等」は「構成会社等」と定義されており（法法82十三）、本税制の適用範囲を決める重要な概念となっています。

そのうえで、「MNE グループ等」とは、企業グループ等に属する会社等の所在地国（**「重要事項解説」**参照）が２以上ある場合や企業グループ等に無国籍会社等（**「Keyword」**参照）が属する場合などの当該企業グループのことをいうものとされています（法法82

三イ、法令155の５)。

ただし、GMT 法人税においては、企業集団を構成しない会社等であっても、その所在地国以外の国においてその会社等の事業が行われる場所、すなわち恒久的施設等（**「重要事項解説」**参照）を有している場合には、同様にトップアップ課税の対象とすべきであると考えられています。そのため、恒久的施設等を有する会社等については、（企業集団を構成しないものであっても）MNE グループ等を構成するものとされています（法法82二ロ・三ロ)。

重要事項解説

1 連結等財務諸表

連結等財務諸表とは、次に掲げるものをいいます（法法82一、法規38の４）。

(1) 企業集団に係る次の計算書類

① 特定財務会計基準（注１）又は適格財務会計基準（注２）に従って企業集団の財産・損益の状況を連結して記載した計算書類

（注１）「特定財務会計基準」とは、国際的に共通した会計処理の基準その他これに準ずるものをいい、具体的には、国際会計基準及び一定の国において一般に公正妥当と認められる会計処理の基準のことをいいます。具体的には日本、アメリカ合衆国、インド、英国、オーストラリア、カナダ、シンガポール、スイス、大韓民国、中華人民共和国、ニュージーランド、ブラジル 、香港、メキシコ、ロシア、欧州連合の加盟国、欧州経済領域の加盟国において一般に公正妥当と認められる会計処理の基準がこれに該当します。

（注２）「適格財務会計基準」とは、最終親会社等（共同支配会社等を含みます。）の所在地国において一般に公正妥当と認められる会計処理の基準（特定財務会計基準を除きます。）をいいます。

② ①の計算書類が作成されていない場合には、特定財務会計基準又は適格財務会計基準に従って暦年ベースで企業集団の財産・損益の状況を連結して記載した計算書類を作成するとしたならば作成されることとなる計算書類

(2) 企業集団に属さない会社等の次の計算書類

① 特定財務会計基準又は適格財務会計基準に従って会社等の財産・損益の状況を記載した計算書類

② ①の計算書類が作成されていない場合には、特定財務会計基準又は適格財務会計基準に従って暦年ベースで会社等の財産・損益の状況を記載した計算書類を作成するとしたならば作成されることとなる計算書類

2 所在地国

所在地国とは、次に掲げるものの区分に応じ、それぞれ次に定める国又は地域をいいます（法法82七）。なお、本書文中では、説明の便宜上、以下「国又は地域」のことを、まとめて単に「国」といいます。

⑴　会社等（導管会社等を除く。）

①　国の租税に関する法令において、当該国に本店若しくは主たる事務所又はその事業が管理され、かつ、支配されている場所を有すること（その他当該国にこれらに類する場所を有すること）により、法人税（又は法人税に相当する税）を課することとされる会社等
➡ 当該国

②　①に掲げる会社等以外の会社等 ➡ その会社等の設立国

⑵　導管会社等（「keyword」参照）（最終親会社等であるもの又は国の租税に関する法令においてGMT法人税に相当するものを課することとされるものに限ります。） ➡ その設立国

⑶　恒久的施設等 ➡ 34頁の「恒久的施設等」の解説の区分に応じそれぞれ事業が行われる場所

※　ただし、34頁の「恒久的施設等」の解説⑷に掲げる恒久的施設等は、所在地国がないものとして取り扱われます。

なお、会社等の所在地国について、上記の区分に応じて所在地国が定まらない場合には、次頁に図示した決定ルールに従って所在地国を判定します（法令155の８）。

会社等の所在地国が定まらない場合における決定ルール

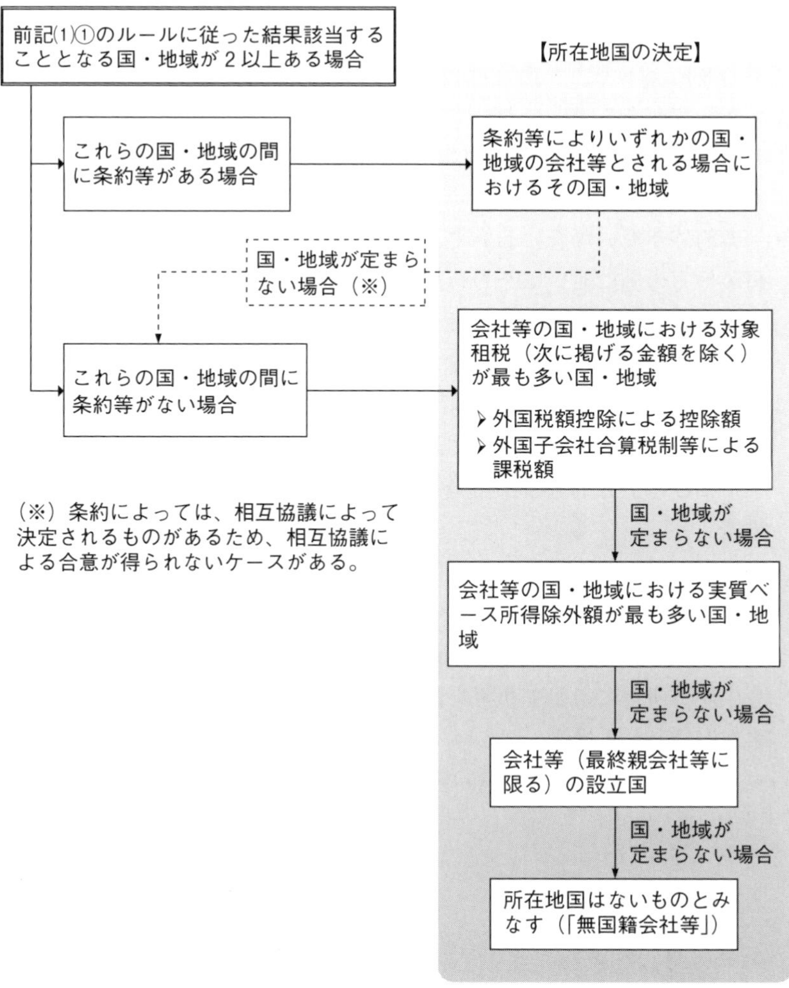

（出典：『令和５年度　税制改正の解説』財務省 HP、766頁の図に基づき作成。）

3 恒久的施設等

恒久的施設等とは、会社等の所在地国以外の国においてその会社等の事業が行われる場合における次に掲げる場所をいいます（法法82六、法規38の８）。

⑴　条約等がある場合において、その条約等に基づいて当該他方の国における恒久的施設又はこれに相当するものとして取り扱われる事業が行われる場所

⑵　条約等がない場合において、他方の国の租税に関する法令において当該他方の国においてその会社等の事業が行われる場所を通じて行われる事業から生ずる所得に対して租税を課することとされるときにおけるその事業が行われる場所

⑶　他方の国に法人の所得に対して課される租税が存在しない場合において、当該他方の国において法人税法第２条第12号の19のイからハまでに掲げる恒久的施設に相当するものに該当するその事業が行われる場所

⑷　他方の国においてその会社等の事業が行われる場所が上記⑴から⑶までに掲げる場所に該当しない場合において、その所在地国の租税に関する法令においてその事業が行われる場所を通じて行われる事業から生ずる所得に対して租税を課することとされないときにおけるその事業が行われる場所

Keyword：会社等

会社等とは、会社、組合その他これらに準ずる事業体（外国におけるこれらに相当するものを含みます。）をいいます（法法82一ハ）。

Keyword：無国籍会社等

無国籍会社等とは、会社等又は恒久的施設等のうち所在地国がないものをいいます（法法82十七）。これらについては、137頁以下で説明するように、GMT 額の計算について他の会社等とは異なる取扱いがなされています。

Keyword：導管会社等

導管会社等とは、会社等に係る収入等の全部が次に掲げるもののいずれかに該当する場合におけるその会社等をいいます（法法82五、法令155の7）。

⑴　会社等（その設立国以外の国又は地域の租税に関する法令において、当該国又は地域に本店若しくは主たる事務所又はその事業が管理され、かつ、支配されている場所を有することその他当該国又は地域にこれらに類する場所を有することにより、対象租税を課することとされるものを除きます。）に係る収入等のうち、その設立国の租税に関する法令において、その会社等の構成員の収入等として取り扱われるもの

⑵　会社等に係る収入等のうち、次に掲げる要件を満たすもの（上記⑴に掲げる収入等を除きます。）

一　その会社等の構成員の所在する国又は地域の租税に関する法令においてその構成員の収入等として取り扱われること。

二　条約等によってその会社等の恒久的施設等に帰せられないこと。

(2)　判定方法

ある「企業グループ等」が「MNE グループ等」に該当することになったとしても、各対象会計年度の直前の4対象会計年度のうち2以上の対象会計年度における総収入金額が収入閾値（7億5000万ユーロ以上）を満たすものでなければ、GMT 法人税の対象となる「特定 MNE グループ等」には該当しません。

「総収入金額」とは、MNE グループ等に係る最終親会社等（41頁以下参照）の連結等財務諸表における売上金額、収入金額その他の収益の額の合計額をいいます（法規38の6①）。

例えば、以下の表に示すような3つの MNE グループ等があった場合、Aグループにおいては第5年度において、Cグループにおいては第3年度以降において、それぞれ「特定 MNE グループ等」に該当することとなる一方、Bグループにおいてはいずれの年度においても「特定 MNE グループ等」には該当しません。

「特定 MNE グループ等」の該当性判定のイメージ

MNEグループ等		第１年度	第２年度	第３年度	第４年度	第５年度
Ａグループ	総収入金額（ユーロ）	**8億**	5億	3億	**10億**	−
	特定MNEグループ等	−	−	−	−	該当
Ｂグループ	総収入金額（ユーロ）	**10億**	5億	6億	3億	−
	特定MNEグループ等	−	−	−	−	−
Ｃグループ	総収入金額（ユーロ）	**12億**	**10億**	3億	5億	−
	特定MNEグループ等	−	−	該当	該当	該当

（出典：『令和５年度　税制改正の解説』財務省 HP、755頁の図に基づき作成。）

この場合の各年度に係る判定は、具体的には以下のとおりです。

まず、第１年度及び第２年度については、直前に２以上の対象会計年度が存在しないため、いずれの MNE グループ等も特定 MNE グループ等に該当しません。

次に、第３年度（第４年度）については、直前の２対象会計年度（３対象会計年度）のうち２以上の対象会計年度の総収入金額が７億5000万ユーロ以上であるかどうかによって判定します。したがって、グループＣについては、第３年度（第４年度）が特定 MNE グループ等に該当することになります。

そして、第５年度については、直前の４対象会計年度のうち２以上の対象会計年度の総収入金額が７億5000万ユーロ以上であるかどうかによって判定します。したがって、グループＡ及びグループＣについては、第５年度が特定 MNE グループ等に該当することになります。

それ以降の年度（第６年度以降）についても、第５年度と同様に、直前の４対象会計年度のうち２以上の対象会計年度の総収入金額が７億5000万ユーロ以上であるか否かで判定していくことになります。

なお、MNE グループ等において対象会計年度中にグループ結合又はグループ分離が生じた場合の判定方法については、法人税法施行令155条の６において詳細な定めが設けられています。

(3)　判定基準

各対象会計年度における判定基準となる MNE グループ等の総収入金額については、それが「７億5000万ユーロ」を円換算した金額以上であることとされています。

この判定基準額の円換算に関しては、本税制を適用する対象会計年度開始の日の属する年の前年12月における欧州中央銀行によって公表された外国為替の売買相場の平均値を用いて行うこととされています（法規38の３、令５改正法規附則３③)。

そのため、例えば、2024年４月１日に開始する対象会計年度に係る判定基準額の円換算については、原則として、欧州中央銀行によって公表された外国為替の売買相場の2023年12月の月間平均値を用いることになります。

具体的には、「欧州中央銀行 HP」（https://www.ecb.europa.eu/stats/policy_and_exchange_rates/euro_reference_exchange_rates/html/index.en.html）で通貨（「Japanese yen」）を選択し、日付を選択して期間を設定すると、設定した期間における円/ユー

ロの平均レート（以下の図ではAverage 157.21）が表示され、これにより欧州中央銀行により公表された外国為替の売買相場の平均値を確認することができます（「各対象会計年度の国際最低課税額に対する法人税に関するQ&A」国税庁HP、令和５年12月、５頁参照)。

なお、対象会計年度の期間が１年でない場合には、７億5000万ユーロを12で除し、これにその対象会計年度の月数を乗じて計算した金額とすることとされています（法令155の６①)。また、上記の月数は、暦に従って計算し、１月に満たない端数を生じたときは、これを１月とすることとされています（法令155の６②)。

円換算に際して用いるレートの確認方法

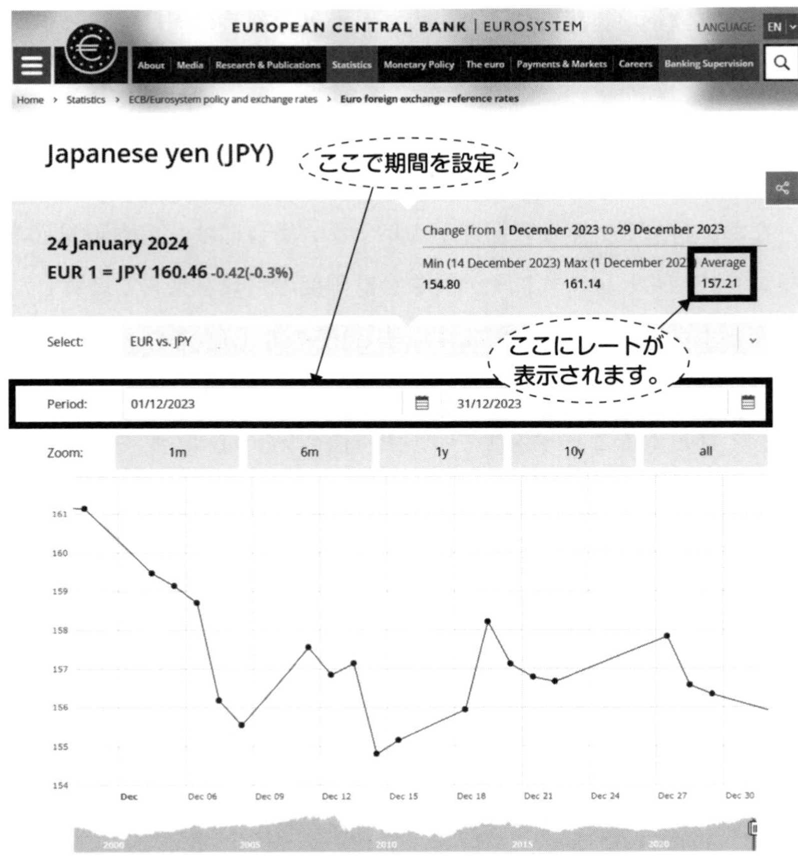

（出典：「各対象会計年度の国際最低課税額に対する法人税に関する Q&A」
国税庁 HP、令和５年12月、５頁の図に基づき作成）

3　課税の対象となる内国法人

GMT 法人税は、特定 MNE グループ等に属する「内国法人」に対して、各対象会計年度の GMT 額について課されることとされています（法法6の2）。

しかし、GMT 額は、納税義務者となる内国法人が「最終親会社等」、「中間親会社等」、「被部分保有親会社等」のいずれかである場合に限り生ずることとされており（法法82の2①一イ括弧書など）、GMT 法人税の課税対象とされるのは、実質的にこれらの内国法人に限られています。

以下では、GMT 法人税の課税対象となる内国法人の各類型について説明します。

(1)　最終親会社等

「最終親会社等」とは、

①　他の会社等の支配持分を直接又は間接に有する会社等であって、その支配持分を他の会社等が直接又は間接に有しないもの（最終親会社）と、

②　会社等のうち、その会社等の恒久的施設等の所在地国がその会社等の所在地国以外にある国にあるもの（恒久的施設等の本店である会社等）

をいいます（法法82十・二イロ）。

多くの場合は、①の「最終親会社」に該当することで、最終親会

社等としてGMT法人税の課税を受けるものと思われますが、その判定に際しては、「支配持分」（**「重要事項解説」**を参照）の保有関係を検討することとなります。

ただし、政府関係会社等のうち国等の資産を運用することを主たる目的とするもの（ソブリン・ウェルス・ファンド）は最終親会社に該当しないものとし、会社等が最終親会社に該当するかを判定する際にも、ソブリン・ウェルス・ファンドが有する支配持分はないものとみなすこととされています（法法82二イ柱書き）。

⑵　中間親会社等

「中間親会社等」とは、

① 特定MNEグループ等に属する構成会社等（恒久的施設等を除きます）であって、

② その特定MNEグループ等に属する他の構成会社等（又はその特定MNEグループ等に係る共同支配会社等）に対する所有持分を直接又は間接に有するもののうち、

③ それ自身が最終親会社等、被部分保有親会社等及び各種投資会社等でないもの

をいいます（法法82十一）。

いわゆる中間持株会社や地域統括会社といった類型の会社の多くがこれに該当するものと思われますが、上記②の判定に際しては、「所有持分」（**「重要事項解説」**を参照）の保有関係を検討することとなります。

(3) 被部分保有親会社等

「被部分保有親会社等」とは、

① 特定MNEグループ等に属する構成会社等（判定対象構成会社等（恒久的施設等を除きます））であって、

② 次に掲げる要件の全てを満たすもののうち、

イ その特定MNEグループ等に属する他の構成会社等（又はその特定MNEグループ等に係る共同支配会社等）に対する所有持分を直接又は間接に有すること

ロ その特定MNEグループ等に属する他の構成会社等以外の者（非関連者）における判定対象構成会社等に係る請求権割合の合計割合が20%を超えること

③ それ自身が、最終親会社等及び各種投資会社等でないもの

をいいます（法法82十二）。

海外事業会社とそれを保有する国内持株会社から成るストラクチャーにおいて、非関連者から国内持株会社に対するマイノリティー出資を受けているようなケースの国内持株会社がこれに該当するものと思われますが、上記②ロの判定に際しては、非関連者における判定対象構成会社等に係る「請求権割合」（**「重要事項解説」**を参照）を検討することとなります。

重要事項解説

1　所有持分

連結等財務諸表の作成に用いる会計処理の基準によって会社等の純資産の部に計上される当該会社等に対する持分のうち、利益の配当を受ける権利又は残余財産の分配を受ける権利が付されたものをいいます。また、会社等の恒久的施設等がある場合においては、当該会社等は当該恒久的施設等に対する所有持分を有するものとみなすこととされます（法法82八、法令155の９）。

2　支配持分

連結等財務諸表（企業集団に係るものに限ります。）にその財産及び損益の状況が連結して記載され、又は記載されることとなる会社等その他の一定の会社等に対する所有持分の全部をいいます。また、会社等の恒久的施設等がある場合においては、当該会社等は当該恒久的施設等に対する支配持分を有するものとみなされます（法法82九）。

3　（被部分保有親会社等に係る）請求権割合

被部分保有親会社等に該当するためには、非関連者における判定対象構成会社等に係る直接保有割合と間接保有割合の合計が20％を超えることが必要となります（法法82十二ロ、法令155の10①②）。

⑴　**直接保有割合**：非関連者が有する所有持分に係る権利（利益の配当を受ける権利に限ります。）に基づき受けることができる金額がその総額のうちに占める割合（請求権割合）のことをいいます。

⑵　**間接保有割合**：非関連者が他の会社等を通じて間接に有する所有持分に係る権利（利益の配当を受ける権利に限ります。）に基づき受けることができる金額がその総額のうちに占める割合のことをいいます。具体的には、次に掲げる場合の区分に応じ、それぞれ次に定める割合（次に掲げる場合のいずれにも該当する場合には、次に定める割合の

合計割合）のことをいいます。

①　当該判定対象構成会社等の所有持分を有する他の会社等に対する所有持分の全部又は一部を非関連者が有する場合 ➡ 当該非関連者の当該他の会社等に係る請求権割合に当該他の会社等の判定対象構成会社等に係る請求権割合を乗じた割合（当該他の会社等が２以上ある場合には、当該２以上の他の会社等につきそれぞれ計算した割合の合計割合）

②　当該判定対象構成会社等と他の会社等（その所有持分の全部又は一部を非関連者が有するものに限ります。）との間に１又は２以上の会社等（介在会社等）が介在している場合であって、当該非関連者、当該他の会社、介在会社等及び当該判定対象構成会社等が所有持分の保有を通じて連鎖関係にある場合 ➡ それぞれの請求権割合を順次乗じて計算した割合（当該連鎖関係が２以上ある場合には、当該２以上の連鎖関係につきそれぞれ計算した割合の合計割合）

被部分保有親会社等の該当性判定イメージ

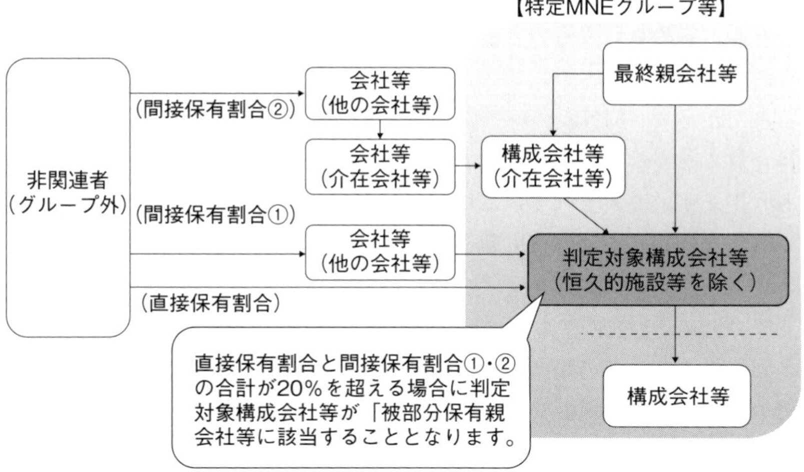

（出典：『令和５年度　税制改正の解説』財務省 HP、769頁の図に基づき作成。）

なお、ここでいう「請求権割合」とは、次の算式により計算します(法令155の10②)。

請求権割合 ＝ 会社等に対する所有持分を有する者がその所有持分に係る「利益の配当を受ける権利」に基づき受けることができる金額 ／ 会社等に対する所有持分に係る「利益の配当を受ける権利」に基づき受けることができる総額

(注) 「利益の配当を受ける権利」が、各対象会計年度の直前の対象会計年度に生じた利益の配当を受ける権利とそれ以外の権利に区分されている場合には、前者の権利に限ります。

参考 グローバル・ミニマム課税の納税義務者

MNE グループ等において、どの国でどの会社がどの金額についてグローバル・ミニマム課税の納税義務者となるかを判断するのは、必ずしも容易なことではありません。

最終合意された GloBE ルールは「コモン・アプローチ」として位置付けられており、BEPS 包括的枠組みへの参加国は、必ずしも国内で同制度を採用することは要求されていませんが、採用する場合には GloBE ルールに定められたものと整合する形で制度設計・運用することが求められています。

したがって、MNE グループ等の構成会社等の所在地国において「所得合算ルール」(IIR) が導入されている場合も導入されていない場合もあり得ます。導入されている場合には、当該国に所在する最終親会社等、中間親会社等、被部分保有親会社等に相当する構成会社等が当該国においてトップアップ課税を受けることが想定されます。

そのため、MNE グループ等においては、どの国において IIR が導入されているか、その場合の納税義務者はどの構成会社等となるのかなどについて、事前に把握しておくことが求められます。

課税期間（対象会計年度）

GMT 法人税の課税期間は「対象会計年度」とされており、これはMNE グループ等の最終親会社等の連結等財務諸表の作成に係る期間のことをいいます（法法15の２）。

これに対し、各事業年度の所得に対する法人税（いわゆる「法人所得税」）においては、法人の財産及び損益の計算の単位となる期間として法令や定款などで定められる「事業年度」（法法13①）が課税期間とされています。

このような課税期間の違いは、GMT 法人税（法法82以下）においては、連結等財務諸表における各種の金額を用いてGMT 額を計算することとされていることから、その作成に係る期間である「対象会計年度」を基準とすることが適切と考えられたことによるものと考えられます。

国際最低課税額の計算：全体像

1　はじめに

GMT法人税は、特定MNEグループ等に属する一定の内国法人を対象に、その子会社などの所在地国における実効税率が国際的に合意された最低税率である15％（基準税率）を下回る場合に、その不足税額分について、当該内国法人に対するGMT額として我が国において応分のトップアップ課税を行うことで、その特定MNEグループ等における当該所在地国に係る実質的な税負担が最低税率以上となることを目的とするものです。

MNEグループ等においては複雑な支配関係や特殊な類型の会社等が含まれていたり、各国には我が国のそれとは異なる独自の税制等も多数存在することから、それらに対処すべく、本税制の各種規定は非常に網羅的で、大変複雑なルールとなっています。

しかしながら、GMT法人税の基本的な考え方は上述したとおりで、その本質は、グループ内のどの国、どの子会社にいくらの不足税額が発生しているのかを計算し、それらがどの内国法人に対していくらのGMT額としてトップアップ課税されるのかを計算することにあるといえます。

具体的な計算過程としては、GMT額が主として基準税率と各国の実効税率との差によって定まる仕組みとなっていることから、まず、

① 各社の所得額と租税額を計算し、

② それらの所在地国に係る各国の実効税率を算出する

必要があります。

そのうえで、

③ 特定MNEグループ等の各国に係る不足税額（グループ国際最低課税額）と、

④ 各社に係る不足税額（会社等別国際最低課税額）

をそれぞれ計算し、最後に、

⑤ そのうち課税対象となる各内国法人に帰属すべき金額（GMT額）を計算する

というのが、基本的な流れになります。

本章では、本税制の適用対象となる子会社などの範囲について触れたのち、具体的な計算順序の全体像を示します。

なお、本書では「国際最低課税額」を「GMT額」と略称するほか、関連用語について、下表のとおり略称で表記します。

（法令等における用語）	（本書における略称表記）
グループ国際最低課税額	グループGMT額
会社等別国際最低課税額	会社等別GMT額
当期国別国際最低課税額	当期国別GMT額
再計算国別国際最低課税額	再計算国別GMT額
未分配所得国際最低課税額	未分配所得GMT額
永久差異調整に係る国別国際最低課税額	永久差異調整国別GMT額
自国内最低課税額に係る税の額	QDMTT額

2　国際最低課税額の計算対象

(1)　概要

本税制は、特定MNEグループ等に係る連結等財務諸表をベースに制度設計されていることから、GMT額の算定に際しても、企業グループ等に属する会社等、すなわち、

①　連結等財務諸表にその財産・損益の状況が連結して記載される会社等（いわゆる連結子会社）に、

②　重要性の原則等により連結対象から除外されている会社等

を加えたものである「構成会社等」を基本的な適用対象として、GMT額を計算することとしています。

他方で、多国籍企業がしばしば設立する「ジョイント・ベンチャー」（合弁会社）（以下「JV」といいます。）については、通常は持分法により連結等財務諸表に記載される持分法適用会社とされ、いわゆる連結子会社に該当しないことから、企業グループ等に属する「構成会社等」に含まれないこととなります。

しかし、GMT法人税においては、多国籍企業の活動実態に応じた適切な課税を行うとの観点から、JVであっても、一定のもの（最終親会社等が直接又は間接に50%以上の持分を有するJV）については、「共同支配会社等」として本税制の適用対象とし、GMT額の計算においてもこれらに係る金額を含めることとされています。

そのため、GMT額算定の基礎となるグループGMT額は、「構成会社等に係るグループGMT額」と「共同支配会社等に係るグル

ープ GMT 額」に分けて算出した上で、それらを合計した金額とすることとされています（法法82の２①）。

⑵　構成会社等

「構成会社等」とは、「企業グループ等」に属する「会社等」や、その「恒久的施設等」のことをいいます。ただし、「会社等」については、重要性の原則により連結会計の対象から除外されている会社等や譲渡目的で保有されることから連結会計の対象から除外されている会社等を含みます（法法82十三）。

この点、一般的に支店などの恒久的施設等は会社とはみなされませんが、GMT 法人税においては、本税制が国単位での実効税率に焦点を当てた仕組みであることから、「会社等」の「恒久的施設等」についても「構成会社等」として認識することとされています。

例えば、H国に本店を有するある法人（法人Ａとします。）において、Ｂ国に支店（恒久的施設等）がある場合には、「法人Ａ（全体)」としての構成会社等と、「法人Ａの恒久的施設等」としての構成会社等が、それぞれ認識されることとなります。

恒久的施設等がある場合の会社等及び構成会社等の範囲

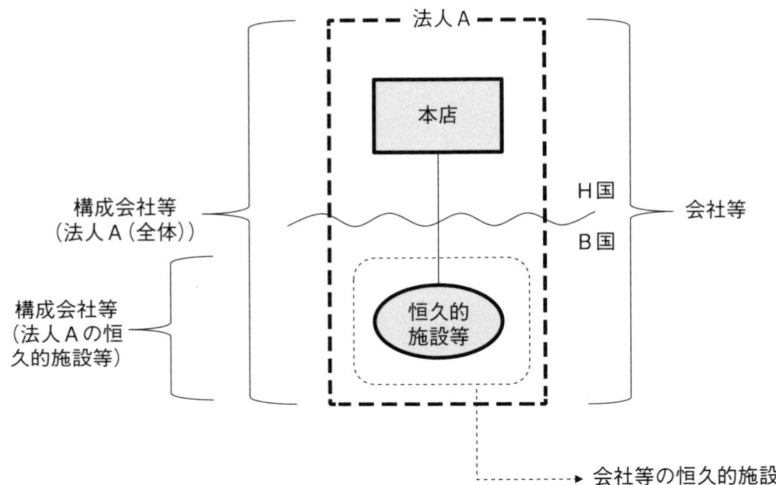

（出典：『令和５年度　税制改正の解説』財務省 HP、770頁の図に基づき作成。）

(3)　共同支配会社等

一定の JV、その子会社及びこれらの恒久的施設等については、いわゆる持分法が適用され、連結対象ではないことから「構成会社等」には該当しないものの、本税制においては、それらも「共同支配会社等」として、グループ GMT 額の計算対象とすることとされています。

具体的には、

①　最終親会社等の連結等財務諸表において会社等が有する持分に応じた金額を連結等財務諸表に反映させる一定の方法（いわゆる持分法）が適用され、又は適用されることとなる会社等で、その最終親会社等が直接又は間接に有する所有持分に係る権利に基づ

き受けることができる金額がその会社等に対する所有持分にかかる権利に基づき受け取ることができる金額の総額のうちに占める割合として、一定の計算をした割合（請求権割合**「重要事項解説」**参照）の合計割合が50％以上であるもの（共同支配親会社等）

② ①の会社等の連結等財務諸表に財産及び損益の状況が連結して記載される又は記載されることとなる会社等（共同支配子会社等）

③ ①又は②の会社等の恒久的施設等

が「共同支配会社等」にあたります。ただし、特定MNEグループ等の最終親会社等であるものなど、一定のものは除かれます（法法82十五、法令155の３②六、155の12）。

そして、共同支配会社等の判定に際して、持分法が適用される会社等に該当するかどうかは、当該会社等に係る最終親会社財務会計基準に従って判定することとされています。そのため、最終親会社財務会計基準において、いわゆる日本基準（JGAAP）が適用される場合には、「持分法に関する会計基準」により持分法の適用範囲に含まれる会社等がこれに該当することが、通達により明確化されています（法基通18－１－14）。

重要事項解説

1　「(共同支配親会社等に係る) 請求権割合」

共同支配親会社等に該当するためには、原則として、最終親会社等の連結等財務諸表において持分法が適用される会社等（以下「判定対象会社等」といいます。）で、最終親会社等における判定対象会社等に係る直接保有割合と間接保有割合との合計割合が50%以上であることが必要となります（法法82十五イ、法令155の12①）。

(1)　**直接保有割合**：最終親会社等が有する所有持分に係る権利に基づき受けることができる金額がその総額のうちに占める割合（請求権割合）のことをいいます。

(2)　**間接保有割合**：最終親会社等が他の会社等を通じて間接に有する所有持分に係る権利に基づき受けることができる金額がその総額のうちに占める割合のことをいいます。具体的には、次に掲げる場合の区分に応じ、それぞれ次に定める割合（次に掲げる場合のいずれにも該当する場合には、次に定める割合の合計割合）のことをいいます。

①　当該判定対象会社等の所有持分を有する他の会社等に対する所有持分の全部又は一部を当該最終親会社等が有する場合 ➡ 当該最終親会社等の当該他の会社等に係る請求権割合に当該他の会社等の当該判定対象会社等に係る請求権割合を乗じて計算した割合（当該他の会社等が２以上ある場合には、当該２以上の他の会社等につきそれぞれ計算した割合の合計割合）

②　当該判定対象会社等と他の会社等（その所有持分の全部又は一部を当該最終親会社等が有するものに限ります。）との間に１又は２以上の会社等（以下「介在会社等」といいます。）が介在している場合であって、当該最終親会社等、当該他の会社等、介在会社等及び当該判定対象会社等が所有持分の保有を通じて連鎖関係にある場合 ➡ それぞれの請求権割合を順次乗じて計算した割合（当該連鎖関係が２以上ある場合には、当該２以上の連鎖関係につきそれぞれ計算した割合の合計割合）

共同支配会社等の該当性判定方法

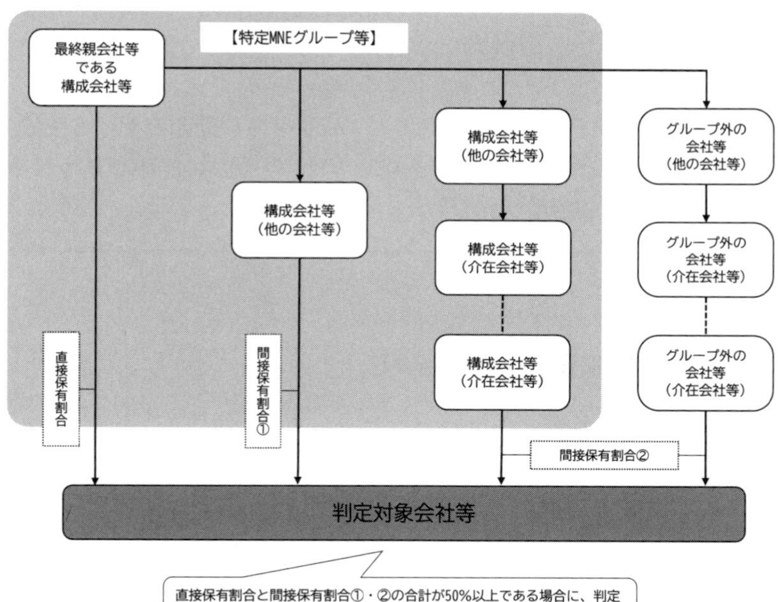

（出典：『令和５年度　税制改正の解説』財務省 HP、780頁の図に基づき作成）

なお、ここでいう「請求権割合」は、「利益の配当を受ける権利」に基づき受けることができる金額のみを対象としていた「(被部分保有親会社等に係る）請求権割合」(44頁参照）とは異なり、「利益の配当を受ける権利」と「残余財産の分配を受ける権利」の両方に基づき受けることができる金額を対象としていることから、加重平均を用いた次の算式により計算します（法令155の12②、法規38の11②～⑤)。

請求権割合　＝　Ａの割合×２/３＋Ｂの割合×１/３

Ａの割合　＝　会社等に対する所有持分を有する者がその所有持分に係る「利益の配当を受ける権利」に基づき受けることができる金額の合計額 ／ 会社等に対する所有持分に係る「利益の配当を受ける権利」に基づき受けることができる金額の総額

$$\text{Bの割合} = \frac{\text{会社等に対する所有持分を有する者がその所有持分に係る「残余財産の分配を受ける権利」に基づき受けることができる金額の合計額}}{\text{会社等に対する所有持分に係る「残余財産の分配を受ける権利」に基づき受けることができる金額の総額}}$$

なお、「利益の配当を受ける権利」と「残余財産の分配を受ける権利」の取扱いについては、財務省令（法規38の11③④⑤）に詳細な定めがありますので、注意が必要です。

(4)　除外会社に関する特例

本税制の適用対象となるのは「構成会社等」や「共同支配会社等」といった「会社等」であることから、国や地方公共団体、国際機関等はその対象に含まれないと考えられます。

しかし、それらによって保有される会社等については、本税制における「会社等」の定義上（35頁の**「keyword」**参照）、形式的には「構成会社等」や「共同支配会社等」に含まれ得ます。

確かに、そのような会社等が企業グループ等の連結財務諸表にその財産・損益の状況が連結して記載されることは実務上想定し難いところですが、網羅的な制度設計という観点から「会社等」に含まれるものであっても、以下に掲げる会社等については、「除外会社」として「構成会社等」及び「共同支配会社等」から除かれ、本税制の適用対象外とされることが明確化されています（法法82十四）。

(1)　政府関係会社等

(2)　国際機関関係会社等

(3)　非営利会社等

⑷　年金基金

⑸　最終親会社等である投資会社等又は最終親会社等である不動産投資会社等

⑹　１又は２以上の保有会社等との間にその保有会社等による持分の所有その他の事由を通じた密接な関係がある会社等

しかし、一定の除外会社等については、除外会社等に該当しないものとして、法人税法の規定を適用することを選択できます（法法82の３）。

3　国際最低課税額の計算順序

GMT 法人税は、子会社などの所在地国における実効税率が国際的に合意された最低税率である15%（基準税率）を下回る場合に、その税負担が最低税率相当に至るまで、その最終親会社等である内国法人に対する GMT 額として我が国において応分のトップアップ課税が行われるものです。

そして、各国の実効税率は、その国を所在地国とする各社の所得額の合計額を分母、それら各社の租税額の合計額を分子、とする割合で基本的に示されるため、GMT 額の計算は、まず、特定 MNE グループ等の各社に係る所得額（＝個別計算所得等の金額）と租税額（＝調整後対象租税額）を、それぞれの個別財務諸表の当期純利益の額や法人税等の額をベースに個社単位で計算するところからスタートします（ステップ①）。

次に、それらを用いて子会社などの所在地国に係る「国別実効税率」を国単位で計算し（ステップ②）、それによって定まる計算方法に従って、「グループ GMT 額」を国単位で計算します（ステップ③）。国別グループ純所得の金額があり、国別実効税率が基準税率（15%）を下回る場合には、最低税率に満たない不足税額分があることになるため、GMT 額の核となる部分である「当期国別 GMT 額」を算出する必要があり、これは、「国別グループ純所得の金額」から「実質ベース所得除外額」を控除した金額に「トップアップ税率」（基準税率と国別実効税率の差分）を乗じて求められます。なお、「実質ベース所得除外額」は、原則として、各社における給与などの特定費用や有形固定資産などの特定資産の５％相当額の合計とされています。

続いて、同じ所在地国にある子会社などの間でグループGMT額を各社の個別計算所得金額に応じて配賦することで、各社に係るトップアップ課税額である「会社等別GMT額」を個社単位で計算し（ステップ④）、最後に、その会社等別GMT額が、特定MNEグループ等に属するどの内国法人に対していくら帰属するのかを帰属割合に応じて算出し、各内国法人が負担すべき「GMT額」を計算します（ステップ⑤）。

一連のGMT額の計算の全体像をまとめると、60〜61頁に示す図のようになります。

なお、グループGMT額については「構成会社等に係るグループGMT額」と「共同支配会社等に係るグループGMT額」をそれぞれ算出して、それらを合計することにより求めますが、共同支配会社等に係るグループGMT額の算出は、基本的な形態である構成会社等に係るグループGMT額にほぼ準ずる形となっていることから、以下では、特に断りのない限り、「構成会社等に係るグループGMT額」の計算規定を中心に説明します。

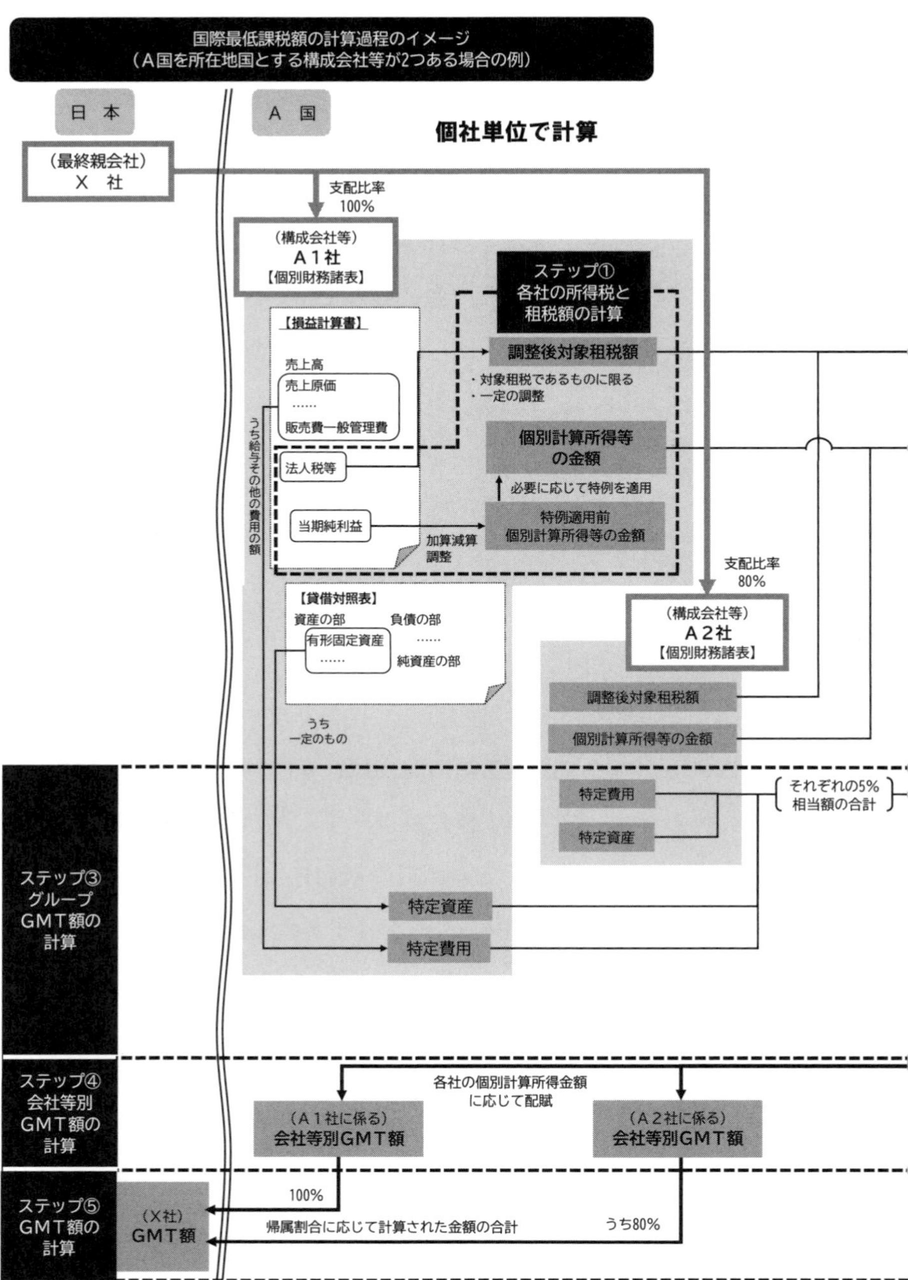
国際最低課税額の計算過程のイメージ
（A国を所在地国とする構成会社等が2つある場合の例）
日 本
A 国
個社単位で計算
（最終親会社）
X 社
支配比率
100%
（構成会社等）
A１社
【個別財務諸表】
ステップ①
各社の所得税と
租税額の計算
【損益計算書】
売上高
売上原価
……
販売費一般管理費
法人税等
当期純利益
うち給与その他の費用の額
調整後対象租税額
・対象租税であるものに限る
・一定の調整
個別計算所得等
の金額
必要に応じて特例を適用
特例適用前
個別計算所得等の金額
加算減算
調整
支配比率
80%
（構成会社等）
A２社
【個別財務諸表】
【貸借対照表】
資産の部
負債の部
有形固定資産
……
……
純資産の部
うち
一定のもの
調整後対象租税額
個別計算所得等の金額
特定費用
特定資産
それぞれの5%
相当額の合計
ステップ③
グループ
GMT額の
計算
特定資産
特定費用
ステップ④
会社等別
GMT額の
計算
各社の個別計算所得金額
に応じて配賦
（A１社に係る）
会社等別GMT額
（A２社に係る）
会社等別GMT額
ステップ⑤
GMT額の
計算
（X社）
GMT額
100%
帰属割合に応じて計算された金額の合計
うち80%

＊A国においては、「国別グループ純所得の金額」があり、「国別実効税率」が基準税率(15%)を下回っていることとする。共同支配会社等、無国籍会社等や特殊な類型の会社等が存在せず、適用免除基準の適用はないものとする。

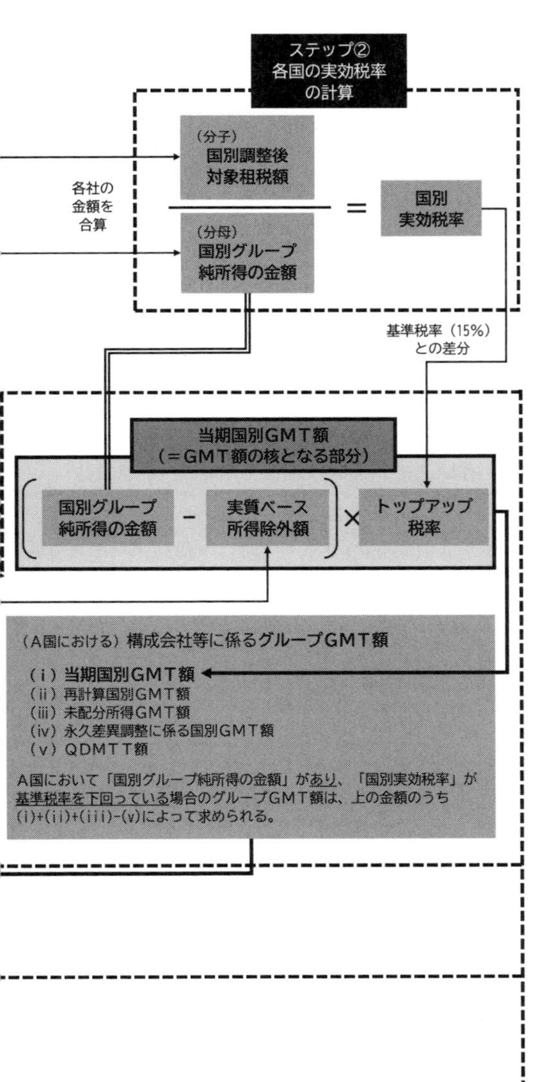

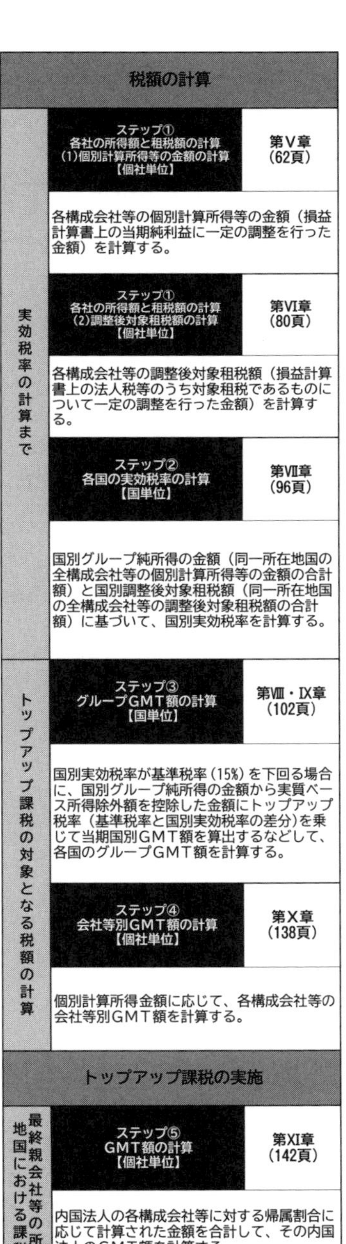

国際最低課税額の計算：ステップ①−(1) 個別計算所得等の金額の計算

前章で述べたとおり、GMT 額の計算においては、各国の「国別実効税率」の計算と、その国に係る「当期国別 GMT 額」の計算が重要となりますが、そのいずれもが「国別グループ純所得の金額」をベースとしています。

ここで、「国別グループ純所得の金額」は、

① その国を所在地国とする全ての構成会社等の「個別計算所得金額」の合計額から、

② その国を所在地国とする全ての構成会社等の「個別計算損失金額」の合計額を控除した残額

をいいます（法法82の２②一イ(1)）。

そして、

「個別計算所得金額」は「個別計算所得等の金額」が零を超える場合のその超える額のことをいい（法法82二十七）、

「個別計算損失金額」は「個別計算所得等の金額」が零の場合には零、「個別計算所得等の金額」が零を下回る場合にはその下回る額のことをいう（法法82二十八）

とされています。

そのため、「国別グループ純所得の金額」は、検討対象となる国に所在する各構成会社等について計算される「個別計算所得等の金額」を通算することで求められます。

この「個別計算所得等の金額」は、検討対象となる国に所在する構成会社等ごとに、

⑴　その「当期純損益金額」を決定し、

⑵　それに一定の加算・減算調整等を行って計算される「特例適用前個別計算所得等の金額」に対し、

⑶　特定の業種や特殊な会社に係る特例規定の適用を行う

ことにより計算されます（法法82二十六、法令155の18①一）。

以下では、「個別計算所得等の金額」の計算過程の概要を図示した上で、上述した⑴～⑶の順に、それぞれの過程について説明します。

個別計算所得等の金額までの計算の流れ

(1)当期純損益金額の決定

①税引後当期純損益金額

・P/Lにおけるいわゆる個社の税引後当期純利益（グループ内取引相殺前）が計算の出発点となる税引後当期純損益金額。
・税引後当期純損益金額は、最終親会社等（UPE）の連結等財務諸表の会計基準に依拠したものに限定。
・ただし、UPEの会計基準に依拠することが合理的ではない場合には、UPEの会計基準とは異なる会計基準に依拠可能。

②簿価の調整 ※一定の場合

・基本的に、税引後当期純損益金額は、会計上の簿価に基づき計算された会計上の金額を使用するが、それを認めては実効税率計算に歪みが生じるような一定の場合（例：独立企業間価格とは異なる価格によるグループ内取引）には、簿価を修正。

③本店・PE間の配分等

・恒久的施設等（PE）の恒久的施設等純損益金額を租税条約・税法に基づくものに調整。
・会社等（本店）の税引後当期純損益金額（その基礎となる金額を含む。）からPEに係るものを除外。

④導管会社等からの配分

・導管会社等（UPEを除く）の税引後当期純損益金額のうち、構成会社等以外の構成員に帰せられる部分を除外。
・一定の導管会社等（UPEを除く。）の上記の調整後の税引後当期純損益金額を構成員である構成会社等に配分。
・一定の要件を満たす各種投資会社等に関しては、上記の導管会社等と同様の取扱いとする選択が可能。

(2)特例適用前個別計算所得等の金額の計算

税会差異の調整

・多くの国又は地域において、課税所得の計算上、会計と異なる取扱いがされている一定の収益・費用の額等について、当期純損益金額に対し、加算又は減算調整を行う。

(3)特例規定の適用

選択規定等の適用

・一定の業種（国際海運業、保険業、銀行業）について、その業種の特性を考慮して調整。
・一部の国又は地域において、課税所得の計算上、会計と異なる取扱いがされている一定の収益・費用の額等について、選択により、当期純損益金額に対し、加算又は減算調整を行う。

特殊な会社等に係る調整

・一定の構成会社等（損失を有するPE、各種投資会社等、導管会社等であるUPE又は配当控除所得課税規定の適用を受けているUPE等）の上記の調整後の金額をさらに調整。

個別計算所得等の金額

（出典：『令和５年度　税制改正の解説』財務省 HP、790頁の図に基づき作成。）

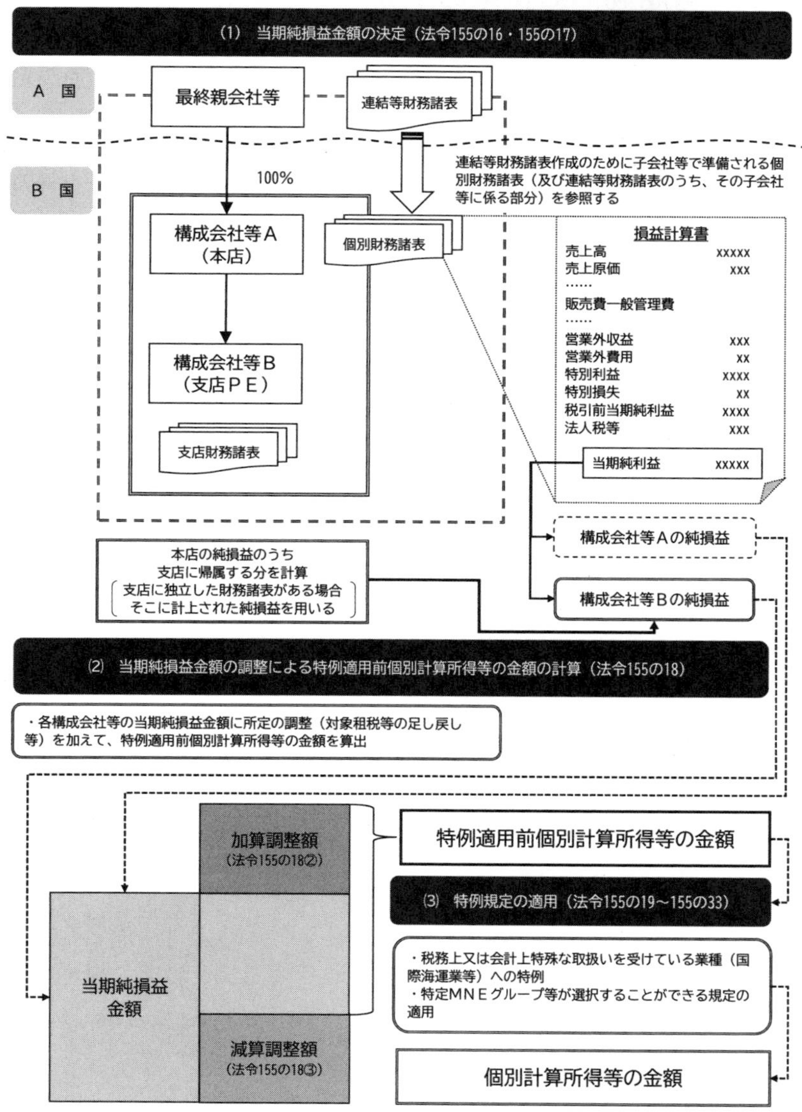

（出典：『令和５年度　税制改正の解説』財務省 HP、790頁の図に基づき作成。）

1　当期純損益金額の決定

「当期純損益金額」は、連結等財務諸表作成の基礎となる個別財務諸表における構成会社等の税引後当期純損益金額（注）（法法82二十六、法令155の16①一）をベースに、一定の場合における簿価の修正などを行うことにより算出されます（法令155の16、155の17）。

当期純損益金額は「会社等の当期純損益金額」と「恒久的施設等の当期純損益金額」に区分して計算されます。

（注）「税引後当期純損益金額」とは、最終親会社等財務会計基準（特定連結等財務諸表に係る会計処理の基準をいいます。）に基づき計算される構成会社等又は共同支配会社等の当期純利益金額又は当期純損失金額であって、特定連結等財務諸表の作成において必要とされるグループ内取引の相殺処理等の一定の会計処理が行われなかったものとしたならば算出されることとなる金額をいいます（法令155の16①一、法規38の13①②）。

(1)　会社等の当期純損益金額

「会社等の当期純損益金額」は、各対象会計年度に係る特定連結等財務諸表（構成会社等にあってはその構成会社等に係る最終親会社等の連結等財務諸表、共同支配会社等にあってはその共同支配会社等に係る共同支配親会社等の連結等財務諸表にそれぞれ掲げる連結等財務諸表をいいます。）の作成の基礎となる構成会社等又は共同支配会社等の税引後当期純損益金額のことをいいますが、一定の場合は、簿価に係る下記①～④の調整を行うことで求められます（法法82二十六、法令155の16①一）。

①　独立企業間価格に基づく当期純損益金額の調整

グループ内のクロスボーダー取引について、税務当局に独立企業間価格として申告した額が当該対象取引に係る金額と同じである場合には、次に掲げる一定の場合を除き、同一の独立企業間価格で行われたものとして当期純損益金額を計算することとされています（法令155の16③～⑥、法基通18－1－33）。

・当局から更正又は決定があった場合には当局間の条約等に基づく合意が行われたとき
・権限ある当局による確認があるとき
・一方の権限ある当局のみによる確認があるとき
・独立企業間価格に関する規定に基づき対象取引に係る金額を修正したとき
・当局から更正又は決定を受けたとき

②　特定組織再編成により資産等の移転が行われた場合の当期純損益金額の調整

我が国の適格組織再編等を含む一定の組織再編成を「特定組織再編成」と定義し、特定組織再編成の一環として行われる資産又は負債の移転に関しては、多くの国において課税所得の計算上課税の繰延べを認める税務上の取扱いに則り、当期純損益金額を計算することとされています（法令155の16⑦～⑨）。

③　プッシュダウン会計が適用される場合の当期純損益金額の調整

財務会計基準の中には、連結財務諸表に計上される子会社の資産及び負債を子会社の個別財務諸表の作成に使用すること、いわゆるプッシュダウン会計の適用が許容される場合があります。そのため、このいわゆるプッシュダウン会計を「特定会計処理」と定義し、当期純損益金額の計算の基礎となる収益又は費用には、パーチェス会計（会社等が企業グループ等に新たに属することとなる場合において、その企業グループ等に係る最終親会社等の連結財務諸表におけるその会社等の連結財務諸表におけるその会社等の資産及び負債の帳簿価額を時価により評価する会計処理）に帰せられるもののみならず、特定会計処理に帰せられるものも含まれないこととされています（法令155の16⑩）。

④ 移行対象会計年度前のグループ内取引等に係る当期純損益金額の調整

令和３年12月１日から本税制が適用されるまでの期間において、グループ内の法人間における資産移転に伴う帳簿価額のステップアップや会計方針の変更に伴う資産の時価評価などによる帳簿価額の変更が生じ、実効税率の歪みの原因となり得る資産の販売等の一定の取引等（資産の販売、ファイナンス・リース取引等）が本税制適用前に行われた場合には、取引前の帳簿価額を引継ぎ、当期純損益金額の計算をすることとされています（法規38の15④～⑦）。

(2) 恒久的施設等の当期純損益金額

「恒久的施設等の当期純損益金額」は、原則として、最終親会社等財務会計基準に従って作成された又は作成されることとなるその恒久的施設等の個別財務諸表に係るその最終親会社等財務会計基準に基づき計算された又は計算される恒久的施設等純損益金額とされています（法法82二十六、法令155の16①二・三）。

ただし、恒久的施設等の個別財務諸表には、税務上、恒久的施設等に帰属しない所得項目が反映されている場合もあり得ることから、一定の調整（租税条約や現地の租税に関する法令による個別財務諸表に係るその最終親会社等財務会計基準に基づき計算される恒久的施設等純損益金額とする）が求められています（法令155の16⑪⑫）。

(3)　導管会社等・各種投資会社等の特例

導管会社等（35頁参照）の当期純損益金額は、特定連結等財務諸表の作成の基礎となる導管会社等の税引後当期純損益金額について、非関連構成員（他の構成会社等以外の構成員又はその導管会社等に係る他の共同支配会社等以外の構成員のことをいいます。）に帰せられる部分の金額、その導管会社等の恒久的施設等の当期純損益金額、被分配会社等（その導管会社等に対する所有持分を直接又は間接に有する他の構成会社等又はその導管会社等に係る他の共同支配会社等のことをいいます。）に帰せられる部分の金額、をそれぞれ順に減算したものとされています（法令155の16⑫⑬⑭）。

また、各種投資会社等（100頁参照）においては、その税引後当期純利益金額のうち所有持分を有する構成会社等に帰せられる金額をその構成会社等に配分することができるとされている（法令155の17）ほか、さらなる特例として課税分配法（110頁の**「参考」**参照）も設けられています。

2　特例適用前個別計算所得等の金額の計算

いわゆる法人所得税における「課税所得」は、財務会計上の損益に一定の調整を加えることにより計算されますが、GMT 法人税における「個別計算所得等の金額」の基礎となる「当期純損益金額」は、基本的に財務会計上の損益と一致するものです。

そのため、「当期純損益金額」と各国の「課税所得」との間には差異が生じることが想定されることから、本税制においても、いわゆる法人所得税における「課税所得」の計算と同様に、財務会計上の損益である「当期純損益金額」に対する一定の調整を行う必要があります。

もっとも、「当期純損益金額」と各国の「課税所得」との間のあらゆる差異を完全に一致させようとして、各国税制における課税所得の計算に応じた調整を全て行おうとすると、各国共通の比較可能な実効税率を計算することができず、本税制の目的との関係で望ましいこととはいえません。

そこで、「個別計算所得等の金額」の計算においては、前項において計算した「当期純損益金額」に対し、各国の「課税所得」と財務会計上の損益との差異のうち、多くの国において一般的とされる一定の項目に関して調整を加えたものとして、「特例適用前個別計算所得等の金額」を計算することとされています。具体的には、「当期純損益金額」に対して、次の①から⑩までの項目に関して加算又は減算を行うことにより計算することとされています。

① 税金費用純額

当期純損益金額に係る費用の額としている金額を加算し（法令155の18②一）、収益の額としている金額を減算（法令155の18③一）します。

② 除外配当

保有割合が低くかつ構成会社等の保有期間が短い一定の所有持分以外の所有持分に係る利益の配当について、当期純損益金額に係る収益の額としている金額を減算します（法令155の18③二）。

③ 除外資本損益

一定の所有持分の時価評価損益、所有持分の持分法による損益、一定の所有持分の譲渡損益について、当期純損益金額に係る費用の額としている金額を加算し（法令155の18②二～四）、収益の額としている金額を減算します（法令155の18③三～五）。

④ 再評価法によって含められる損益

再評価によって含まれる損益に係る調整により、その他の包括利益に計上される再評価法による有形固定資産の帳簿価額の増減額について、その他の包括利益の項目の額に算入される利益の額を加算し（法令155の18②五）、その他の包括利益の項目の額に算入される損失の額を減算します（法令155の18③六）。

⑤ 非対称外国為替差損益

会計機能通貨と税務機能通貨が異なる場合の外国為替差損益については、(イ)会計機能通貨・税務機能通貨間の為替相場の変動によるもの、(ロ)第三通貨・会計機能通貨間の為替変動によるもの、(ハ)第三通貨と税務機能通貨間の為替変動によるものがあり、これらの変動による利益や損失については、それぞれ次のように加算又は減算を行います。

(イ)については、税務上の利益の額とされている金額を加算し、税務上の損失とされている金額を減算するとともに、当期純損益金額に係る損失の額としている金額を加算し、当期純損益金額に係る利益の額としている金額を減算します。(ロ)については、当期純損益金額に係る損失の額としている金額を加算し、当期純損益金額に係る利益の額としている金額を減算します。(ハ)については、その利益の金額を加算し、その損失の金額を減算します（法令155の18②六・③七）。

⑥　政策上の否認費用

違法とされる金銭、物品その他の財産上の利益の供与や、5万ユーロ以上罰金等については、当期純損益金額に係る費用の額としている金額を加算します（法令155の18②七・八）。

⑦　過去の誤びゅうの訂正及び会計処理の基準の変更

これらについては、過去対象会計年度の金額を修正するのではなく、誤びゅうの訂正または会計基準の変更を行なった対象会計年度の特例適用前個別計算所得等の金額の計算において、期首の純資産の額の増加額を加算し（法令155の18②九）、期首の純資産の額の減少額を減算する（法令155の18③八）ことにより調整します。

⑧　発生年金費用・収益

発生年金費用に関する財務会計と税務の差異について、当期純損益金額に係る費用としている金額から年金基金に対して支払う掛金の金額を減じた差を計算し、それが正の値であればその分を加算（法令155の18②十)、負の値であればその分を減算します（法令155の18③九)。

また、年金基金が退職年金等に係る掛金の運用により得た収益の額については、年金基金から支払を受けたものの金額を加算し（法令155の18②十一)、当期純損益金額にかかる金額として収益の額としている金額を減算します（法令155の18③十)。

⑨　**適格給付付き税額控除額・適格適用者変更税額控除額**

給付付き税額控除（下記**「参考」**参照）に係る額のうち、給付付き税額控除を受ける要件を満たすこととなった日から起算して４年以内に現金又はこれに相当するものの支払いが行われる部分の額については「適格給付付き税額控除額」として、適用者変更税額控除（下記**「参考」**参照）のうち、一定の要件（いわゆる法的譲渡性基準と市場性基準）を満たす税額控除の額については「適格適用者変更税額控除額」として、それぞれ当期純損益金額に係る収益の額としていない金額を加算することとしています（法令155の18②十二、法規38の16⑩)。

他方で、これらの税額控除であっても適格要件を充足しないものについては、収益の額としてではなく税額控除として扱うべきであると考えられるため、当期純損益金額に係る収益の額としている金額を減算します（法令155の18③十一)。

⑩　**グループ内金融取決めに係る費用**

例えば、低税率国に所在する会社（Ｌ社）と高税率国に所在する会社（Ｈ社）との間で、Ｌ社からＨ社に対して一定の支払をする内容のグループ内金融取決めを行うと仮定します。このとき、H社所在地国の税制において、H社がL社から受け取る支払が所得控除、免税、損金算入又は税額控除等の措置の対象となっている場合には、H社の課税所得を増加させることなく、L社の課税所得を圧縮することができ、L社所在地国に係る実効税率を上昇させる効果がもたらされることとなります。

そのため、このようなグループ内金融取決めに係る費用の額をその低税率国の会社等の個別計算所得等の金額から除外することとされており、当期純損益金額を減少させる要因となった費用の額を当期純損益金額に加算する調整を行うこととなります（法令155の18②十三）。

参考　給付付き税額控除・適用者変更税額控除

研究開発等の特定の活動に対しては税額控除が認められることが多くありますが、それらの中には、(イ)給付と税額控除を組み合わせて行う仕組みになっているもの（給付付き税額控除）があります。また、国によっては、(ロ)税額控除を受けることができる者（当初適用者）と他の者（新適用者）との間における対価の支払を伴う取引に基づき、当初適用者が税額控除を受けることができた金額の全部又は一部について、新適用者が税額控除を受けることが認められる税額控除（適用者変更税額控除）が存在していることがあります。

そして、(イ)に関しては政府補助金に類似する性質が、(ロ)に関しては税額控除の代わりに現金が得られるという性質が、それぞれ認められることから、これらのうち一定のものについては、税額控除としてではなく収益の額として扱うべきであるとして、個別計算所得等の金額の計算上、一定の調整を行うこととされています。

3　特例規定の適用

「個別計算所得等の金額」は、「特例適用前個別計算所得等の金額」に対し、一定の業種について強制的に適用される規定や特定MNEグループ等が選択することにより適用することができる規定といった、各種の特例規定（法令155の19～155の33）の適用がある場合には、それらを適用した後の金額となります（法令155の18①一）。

例えば、恒久的施設等に損失が生じた場合の個別計算所得等の金額の計算については特例が設けられており、恒久的施設等の特例適用前個別計算所得等の金額が零を下回る場合には、その金額をその構成会社等に配分し、その後の対象会計年度において、恒久的施設等の特例適用前個別計算所得等の金額が零を上回る場合には、その金額について、過去対象会計年度において配分されたその零を下回る金額の合計額を限度として、その構成会社等に配分することとされています（法令155の30）。

この特例は、国外に支店を有する法人Xがあり、その所在地国において全世界所得課税方式が採用されている場合において、支店で損失が発生したような場合を想定したものです。このとき、いわゆる「法人所得税」との関係では、支店で生じた損失は法人Xの課税所得の計算上考慮され、法人Xの法人所得税の負担を押し下げる効果を有します。他方で、その支店（恒久的施設等）の個別計算所得等の金額が、GMT法人税における法人X（構成会社等）の個別計算所得等の金額の計算上考慮されないとなると、法人X（構成会社等）においては、個別計算所得等の金額は高い一方で、実際の法人所得税負担がそれに比して低い状態となり、結果として、GMT 法人税との関係では、法人Xの所在地国に係る実効税率が著しく低いものとなり得ます。

そこで、そのような不都合を回避すべく、恒久的施設等（支店）の「特例適用前個別計算所得等の金額」が零を下回る場合には、その金額をその構成会社等（法人X）に配分するという特例が適用されることとされています。また、その後の対象会計年度において、恒久的施設等（支店）の「特例適用前個別計算所得等の金額」が零を上回る場合には、その金額について、過去対象会計年度において配分されたその零を下回る金額の合計額を限度として、その構成会社等（法人X）に配分することとされています。

このほかにも、本税制においては、個別計算所得等の金額の計算に関するさまざまな特例規定があり、それらを列挙すると以下のとおりになります。

【個別計算所得等の金額の前提となる当期純損益金額に係る収益・費用の調整を行う規定】

①　国際海運業所得に関する特例（法令155の19）

調整対象：国際海運業に係るあらゆる収益・費用

概要：個別計算所得等の金額の計算において、当期純損益金額に係る上記収益・費用を除外する調整

適用：強制

②　連結等納税規定の適用がある場合の個別計算所得等の金額の計算の特例（法令155の20）

調整対象：国内グループ内取引に係るあらゆる収益・費用

概要：個別計算所得等の金額の計算において、当期純損益金額に係る上記収益・

費用を除外する調整
適用：選択、国別、５年

【特定の業種について、特例適用前個別計算所得等の金額に対し、一定の加減算を行う規定】

③　**保険会社に係る個別計算所得等の金額の計算（法令155の21）**
調整対象：保険会社の投資関連の収益・費用
概要：保険会社が保険契約者に代わり保有する投資資産に係る一定の収益・費用を特例適用前個別計算所等の金額に含める調整
適用：強制

④　**銀行等に係る個別計算所得等の金額の計算（法令155の22）**
調整対象：銀行等のその他 Tier 1 資本に係る収益・費用
概要：上記収益・費用を特例適用前個別計算所得等の金額に含める調整
適用：強制

【特定 MNE グループ等の選択により、特例適用前個別計算所得等の金額に対し、一定の加減算等を行う規定】

⑤　**株式報酬費用額に係る個別計算所得等の金額の計算の特例（法令155の23）**
調整対象：株式報酬費用
概要：税務上の株式報酬費用の取扱いと一致させる調整
適用：選択、国別、５年

⑥　**資産等の時価評価損益に係る個別計算所得等の金額の計算の特例（法令155の24）**
調整対象：資産・負債の時価評価損益
概要：上記損益を特例適用前個別計算所得等の金額から除外し、譲渡時等に個別計算所得等の金額に含める調整
適用：選択、国別、５年

⑦　**除外資本損益に係る個別計算所得等の金額の計算の特例（法令155の24の２）**
調整対象：一定の所有持分の時価評価損益等
概要：個別計算所得等の金額から除外される一定の所有持分の時価評価損益等について、個別計算所得等の金額に含める調整
適用：選択、国別、５年

⑧　**不動産の譲渡に係る個別計算所得等の金額の計算等の特例（法令155の25）**
調整対象：不動産の譲渡益

概要：上記譲渡益を当該対象会計年度以前の５対象会計年度に配分する調整
適用：選択、国別、１年

⑨　**一定のヘッジ処理に係る個別計算所得等の金額の計算の特例（法令155の26）**
調整対象：所有持分に係るヘッジ処理に係る損益
概要：上記損益を個別計算所得等の金額から除外する調整
適用：選択、個社、５年

⑩　**一定の利益の配当に係る個別計算所得等の金額の計算の特例（法令155の27）**
調整対象：長期保有のポートフォリオ株式からの配当
概要：原則（法令155の18③二）では除外される上記収益を個別計算所得等の金額に含める調整
適用：選択、個社、５年

⑪　**債務免除等を受けた場合の個別計算所得等の金額の計算の特例（法令155の28）**
調整対象：債務免除等に係る利益
概要：破産手続等のために生じた債務免除益を個別計算所得等の金額から除外する調整
適用：選択、個社、１年

⑫　**資産等の時価評価課税が行われた場合の個別計算所得等の金額の計算の特例（法令155の29）**
調整対象：税務上認識する資産・負債の時価評価損益
概要：税務上、認識する資産・負債の時価評価損益が課税される一定の場合において、その損益を特例適用前個別計算所得等の金額に含め、その後の対象会計年度においては、その税務上の簿価を基礎として、当期純損益金額の計算を行うこととする調整
適用：選択、個社、１年

【上記の調整後の金額の減額等を行う規定】
⑬　**恒久的施設等を有する構成会社等に係る個別計算所得等の金額の計算の特例（法令155の30）**
調整対象：上記調整後の金額
概要：上記調整後の恒久的施設等（PE）の損失の金額について、本店・PE 間で配分
適用：強制

⑭　各種投資会社等に係る個別計算所得等の金額の計算の特例（法令155の31）

調整対象：上記調整後の金額

概要：【適用株主等】：各種投資会社等からの利益の配当を上記調整後の金額に含める調整

【対象各種投資会社等】：適用株主等の持分割合に対応する金額を上記調整後の金額から減算する調整

適用：選択、個社、５年

⑮　導管会社等である最終親会社等に係る個別計算所得等の金額の計算の特例（法令155の32）

調整対象：上記調整後の金額

概要：導管会社等である最終親会社等及びその PE に関して、一定の要件の下、上記調整後の金額を控除する調整

適用：強制

⑯　配当控除所得課税規定の適用を受ける最終親会社等に係る個別計算所得等の金額の計算の特例（法令155の33）

調整対象：上記調整後の金額

概要：配当控除所得課税規定の適用を受ける最終親会社等及び一定の会社等に関して、一定の要件の下、上記調整後の金額を控除する調整

適用：強制

国際最低課税額の計算：ステップ①－(2) 調整後対象租税額の計算

本税制において重要な構成要素となる「国別実効税率」（ステップ②）は、分母を「国別グループ純所得の金額」、分子を「国別調整後対象租税額」とする割合です（法法82の２②一イ(3)）。

「国別調整後対象租税額」は、その国を所在地国とする全ての構成会社等のその対象会計年度に係る「調整後対象租税額」を合計することで求められます（法法82の２②一イ(3)(i)）。

各構成会社等に係る「調整後対象租税額」は、対象租税（**「重要事項解説」**参照）の額に関して多くの調整を加えることにより算出されます。

具体的には、構成会社等又は共同支配会社等の各対象会計年度に係る下記のA～Cの合計額をいうものとされています（注）（法法82三十、法令155の35①、法規38の28③⑦）。

A　当期対象租税額

B　繰延対象租税額

C　その他の包括利益等に含まれる対象租税の額

（注）　その対象会計年度に係る調整後対象租税額の金額が零を超え、かつ、その対象会計年度においてその所在地国に係る国別グループ純所得の金額がある場合において、過去対象会計年度に係る「繰越金額の控除制度」の適用がある場合にはその適用後の金額とし、その対象会計年度に係る調整後

対象租税額の金額が零を下回る場合には零となります（法法82の２②一イ(3)括弧書き）。

以下では、「調整後対象租税額」の全体像を図示した上で、上述したA～Cについて、それぞれ説明します。

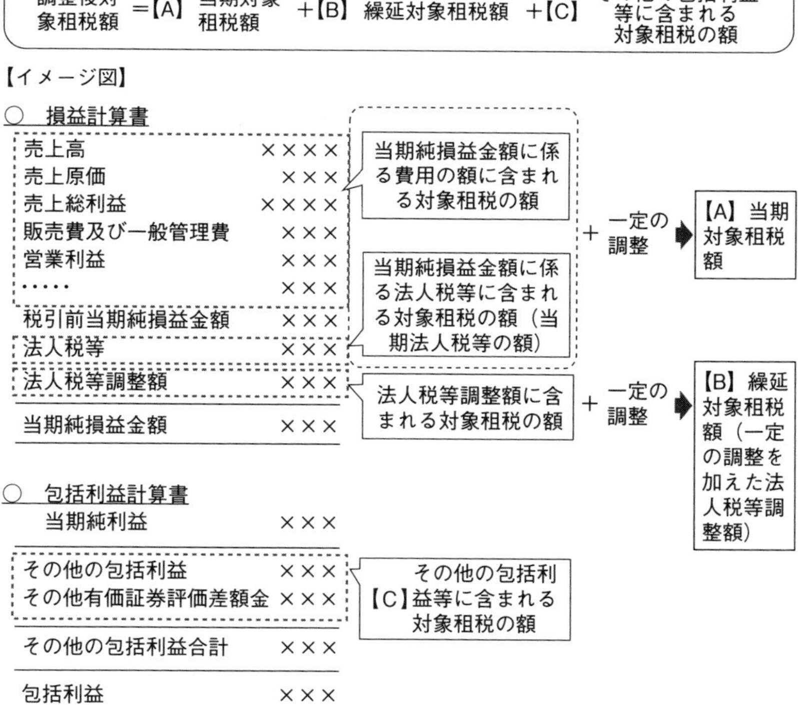

（出典：『令和５年度　税制改正の解説』財務省 HP、861頁の図に基づき作成。）

重要事項解説

1　対象租税

「調整後対象租税額」の計算に際しては、その算定基礎となる「対象租税」に何が含まれるかの判定を行う必要があります。

具体的に「対象租税」として含まれるものは、下表において対象租税に該当する税（法法82二十九、法令155の34①）であって、対象租税から除外されるもの（法令155の34②）に当たらないものになります。

対象租税の範囲

	種　　類	内　　容	我が国における具体例	外国における具体例
対象租税に該当する税	法人の所得や利益に対して課される税	①　国又は地域の法令における構成会社等又は共同支配会社等の所得に対する法人税又は法人税に相当する税（②に掲げる税を除く。）〈法令155の34①一〉	・各事業年度の所得に対する法人税、地方法人税（各事業年度の所得に対する法人税に係る部分に限る。） ・法人住民税（法人税割）、法人事業税（所得割）	・左に相当する税 ・銀行業、石油ガスの探査・生産などの活動から生ずる純所得に課される税
	適格分配時課税制度に基づいて分配利益などに対して課される税	②　適格分配時課税制度※により課される税〈法令155の34①二、法規38の27①〉	―	エストニア、ラトビア及びジョージアの法人所得税
	一般的に適用可能な法人所得税の代わりに課される税	③　①に掲げる税と同一の税目に属する税で、構成会社等又は共同支配会社等の特定の所得につき、徴税上の便宜のため、所得に代えて収入金額その他これに準ずるものを課税標準として課されるもの〈法令155の34①三〉	所得税（源泉徴収）、復興特別所得税（源泉徴収）	左に相当する税
		④　構成会社等又は共同支配会社等の特定の所得につき、所得を課税標準とする税に代え、その等又は共同支配会社等の収入金額その他これに準ずるものを課税標準として課される税〈法令155の34①四〉	法人事業税（収入割）	生産単位数や商業床面積に基づく税のうちその国・地域の法令に基づき一般的に課される税の代替として課されるもの
	利益剰余金や会社資本を参照して課される税	⑤　構成会社等又は共同支配会社等の利益剰余金その他の純資産に対して課される税（構成会社等又は共同支配会社等の所得と利益剰余金その他の純資産とに対して課される税を含む。）〈法令155の34①五、法規38の27②〉	法人事業税（資本割）	左に相当する税、サウジアラビアのザカート
対象租税に該当しない税			法人住民税（均等割）、法人事業税（付加価値割）、附帯税	左に相当する税

※（我が国以外の国の租税に関する法令の規定により、会社等の課税期間（当該会社等の株主等に対して当該会社等の利益の分配のあった日又は分配があったものとみなされる日の属する課税期間に限る。）において、分配のあった又は分配があったものとみなされる当該利益に対して基準税率以上の税率で法人税に相当する税を課することとされていることその他一定の要件を満たす制度をいう。

（出典：『令和５年度　税制改正の解説』財務省 HP、857頁の図に基づき作成。）

対象租税から除外されるもの

種　類	内　容
適格IIRに基づいて構成会社等に課される税	①　GMT法人税又は外国におけるこれに相当する税 〈法令155の34②一〉
適格国内ミニマム課税（QDMTT）に基づいて構成会社等に課される税	②　自国内最低課税額に係る税 〈法令155の34②二〉
適格UTPRに基づいて構成会社等に課される税	③　我が国以外の国又は地域の租税に関する法令において、その国若しくは地域を所在地国とする特定MMEグループ等に属する構成会社等に対して課される税（法法82の２①に規定するグループGMT額に相当する金額のうちGMT法人税に相当する税の課税標準とされる金額以外の金額を基礎として計算される金額を課税標準とするものに限る。）又はこれに相当する税 〈法令155の34②三〉
非適格還付有りインピュテーション税の額	④　構成会社等又は共同支配会社等の所得に対する税であつて、次に掲げる要件のいずれかを満たすもの（当該構成会社等又は共同支配会社等に対する課税とこれらの会社等から利益の配当を受ける者に対する課税との重複を除くために当該所得に対する税の還付又は控除が行われる税として定める一定の税を除く。） イ　その構成会社等又は共同支配会社等が配当を行う際に、当該配当を受ける者が当該税の額に係る還付を受け、又は当該配当を受ける者が当該配当に係る税以外の税の額から控除することができること。 ロ　その構成会社等又は共同支配会社等が配当を行う際に当該構成会社等又は共同支配会社等に対して還付が行われること。 〈法令155の34②四、法規38の27③〉
保険契約者に対するリターンに関して保険会社により支払われた租税の額	⑤　構成会社等又は共同支配会社等（保険業法２②(定義）に規定する保険会社若しくはこれに準ずるもの又は我が国以外の国若しくは地域におけるこれらに相当するものに限る。）の租税の金額（その金額に対応する金額を保険契約者が当該構成会社等又は共同支配会社等に支払うものに限る。） 〈法令155の34②五〉

（出典：『令和５年度　税制改正の解説』財務省 HP、860頁の図に基づき作成。）

1　当期対象租税額

「当期対象租税額」は、構成会社等又は共同支配会社等の各対象会計年度に係る当期法人税等の額に被配分当期対象租税額を加えた金額に加減算を行うことで求められます（法令155の35②）。

当期対象租税額の計算

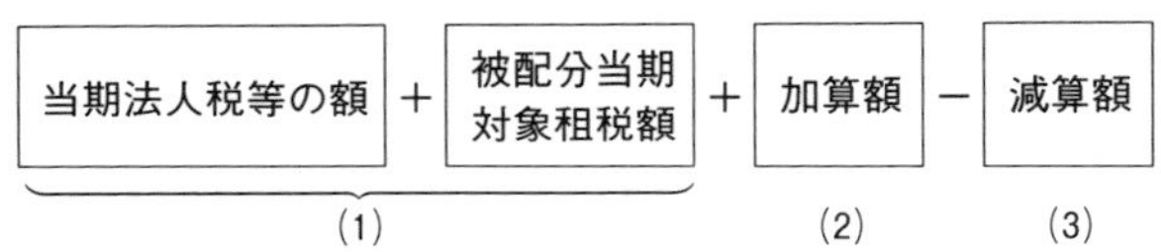

（出典：『令和５年度　税制改正の解説』財務省 HP、861頁の図に基づき作成。）

(1) 「当期法人税等の額」に「被配分当期対象租税額」を加えた金額

まず、「当期法人税等の額」は、法人税その他利益に関連する金額を課税標準として課される租税の額をいいますが、これらは「対象租税」の額に限るものとされています（法令155の35②一、法規38の28⑧）。

これに加える「被配分当期対象租税額」とは、適切な実効税率の計算を行うために、恒久的施設等や導管会社等といった会社等の性質や、外国子会社合算税制等の適用等によって、その構成会社等の持分保有者等（持分保有者、親会社等）がその所在地国で課税を受ける場合に、これらにより生ずる対象租税に相当する金額を、その構成会社等と持分保有者等との間で配分するものです。

具体的には、以下の場合に応じて、それぞれ次に掲げる金額を「当期法人税等の額」に加算することとされています。

①　構成会社等又は共同支配会社等が恒久的施設である場合

構成会社等又は共同支配会社等の恒久的施設等の所得に係る部分の金額として所在地国の租税に関する規定を勘案して合理的な方法により計算された金額から外国税額控除等の規定により合理的な方法により計算された金額を控除した残額（法令155の35③一、法規38の29①）

②　導管会社等に係る当期純損益金額の特例を受けている場合

当期純損益金額に係る対象租税の額に導管会社等に係る一定の割合を乗じて計算した金額（法令155の35③二、法規38の29②）

③　各種投資会社等に係る当期純損益金額の特例を受けている場合

当期純損益金額に係る対象租税の額に各種投資会社等に係る一定の割合を乗じて計算した金額（法令155の35③三、法規38の29③）

④　外国子会社合算税制等の適用を受ける場合

外国子会社合算税制等により構成会社等に係る親会社等の益金の額に算入される金額の計算の基礎とされるその構成会社等に係る所得の金額について、受動的所得の金額とそれ以外の金額との区分に応じそれぞれ計算した対象租税の額のうちの一定の金額の合計額（法令155の35③四、法規38の29④）

⑤　いわゆる構成員課税の適用を受ける場合

構成会社等又は共同支配会社等が、Ⓐ会社等の所在地国の租税に関する法令によって税が課されることとなっていること、Ⓑ会社等の構成員の所在地国における租税に関する法令においてその会社等の収入等の全部が構成員の収入として取り扱われていることのいずれの要件も満たす会社等である場合において、その構成会社等又は共同支配会社等に対する所有持分を有する他の構成会社等又は共同支配会社等（構成員といいます）の所在地国における租税に関する法令によりその構成員の益金の額に算入される金額の計算の基礎とされる当該構成会社等に係る所得の金額について、受動的所得の金額とそれ以外の金額との区分に応じそれぞれ計算した対象租税の額のうちの一定の金額の合計額（法令155の35③五、法規38の29⑦）

⑥　構成会社等又は共同支配会社等の所有持分を有する他の構成会社等又は共同支配会社等に対して利益の配当を行った場合

親会社等の当期純損益金額に係る対象租税の額のうちその利益の配当に係る部分の金額として合理的な方法により計算した金額（法令155の35③六、法規38の29⑩）

⑦　恒久的施設等を有する構成会社等に係る個別計算所得等の金額の計算の特例の適用を受ける場合

構成会社等の恒久的施設等の特例適用前個別計算所得等の金額が零を下回る場合の特例（法令155の30①③）の適用を受けた対象会計年度後において当該金額（零を超えるものに限ります。）を構成会社等に加算調整を行う場合（法令155の30②③）において、その加算調整により加算される金額に対応する部分の金額とその加算される金額にその構成会社等の所在地国の法人税（又は法人税に相当する税）の税率（その税率が複数ある場合には、最

も高い税率）を乗じて計算した金額のうちいずれか少ない金額（法令155の35③七）

⑧　**課税分配法により適用株主等につき特定配当金及び特定対象租税額の加算調整（法令155の31①～⑥）の適用を受ける場合**

その加算された特定対象租税金額（法令155の35③八）

(2)　加算額

次に掲げる金額の合計額を上記(1)の金額に加算します（法令155の35②二）。

① 当期純損益金額に係る費用の額に含まれている対象租税の額

② 過去対象会計年度における下記(3)③に掲げる金額のうちその対象会計年度において支払われた金額（その対象会計年度における上記(1)及び①に掲げる金額を除きます。）

③ 上記(1)の金額のうち当期法人税等の額の計算上減算されている適格給付付き税額控除額又は適格適用者変更税額控除額

④ その対象会計年度において過去対象会計年度に係る当期対象租税額が過少であったことが判明した場合におけるその過少であった部分の金額（当期法人税等の額又は費用の額に含まれていないものに限ります。）

⑤ その対象会計年度において過去対象会計年度に係る当期対象租税額が過大であったことが判明した場合におけるその過大であった金額（当期法人税等の額又は費用の額の計算上減算されているものに限ります。）

(3) 減算額

次に掲げる金額の合計額を上記(1)の金額から減算します（法令155の35②三）。

① 上記(1)の金額のうち構成会社等又は共同支配会社等の個別計算所得等の金額以外の金額に係る当期法人税等の額（下記②から⑤までの金額を除きます。）

② 上記(1)の金額のうち、還付を受け、又は対象租税の額から控除された金額（適格給付付き税額控除額及び適格適用者変更税額控除額を除くものとし、当期法人税等の額又は費用の額の計算上減算されていないものに限ります。）のうち財務省令（法規38の28⑨）で定める金額

③ 上記(1)の金額のうち不確実な税務処理（法人税又は法人税に相当する税に係る所得の金額の計算上行われた処理に不確実性がある場合におけるその処理をいいます。以下同じです。）に係る法人税等の額（対象租税の額に限ります。）がある場合におけるその法人税等の額（法規38の28⑩）

④ 上記(1)の金額のうちその対象会計年度終了の日から３年以内に支払われることが見込まれない金額（上記③に掲げる金額を除きます。）

⑤ 上記(1)の金額のうち、構成会社等又は共同支配会社等の会社等別利益額に係る金額としてその構成会社等又は共同支配会社等に係る租税に関する法令の規定を勘案して合理的な方法により計算した金額（法規38の28⑪）

2　繰延対象租税額

「繰延対象租税額」は、「調整後法人税等調整額」に加減算を行うことで求められます（法令155の35①二、法規38の28③）。

⑴　調整後法人税等調整額

「調整後法人税等調整額」とは、各対象会計年度の当期純損益金額に係る法人税等調整額について、以下の各調整を行って算出した場合におけるその法人税等調整額をいいます（法規38の28③一）。

① 当期純損益金額に係る繰延税金資産又は繰延税金負債のうちに、基準税率を上回る適用税率により算出された繰延税金資産又は繰延税金負債がある場合には、当該繰延税金資産又は繰延税金負債は基準税率により算出されたものとします（法規38の28③一イ）。

② 当期純損益金額に係る繰延税金資産（その対象会計年度における個別計算損失金額に係るものに限ります。）のうちに、基準税率を下回る適用税率により算出されたものがある場合には、その繰延税金資産は当該対象会計年度において基準税率により算出されたものとすることができます（法規38の28③一ロ）。

③ 当期純損益金額に係る繰延税金資産又は繰延税金負債のうちに、個別計算所得等の金額に含まれない収入等に係る繰延税金資産又は繰延税金負債がある場合には、その繰延税金資産又は繰延税金負債はないものとします（法規38の28③一ハ）。

④ 当期純損益金額に係る繰延税金資産又は繰延税金負債のうちに、不確実な税務処理に係る繰延税金資産又は繰延税金負債がある場

合には、その繰延税金資産又は繰延税金負債はないものとします（法規38の28③一ニ）。

⑤　当期純損益金額に係る繰延税金負債のうちに、所有持分を有する他の構成会社等又は他の共同支配会社等の利益剰余金に係る繰延税金負債（当該他の構成会社等又は他の共同支配会社等からの利益の配当があった場合に取り崩されることとなるものに限ります。）がある場合には、当該繰延税金負債はないものとします（法規38の28③一ホ）。

⑥　当期純損益金額に係る繰延税金資産の算定に当たり繰延税金資産から控除された金額（いわゆる評価性引額）がある場合には、その金額はないものとします（法規38の28③一へ）。

⑦　当期純損益金額に係る繰延税金資産のうちに、当該対象会計年度後の対象会計年度における法人税等の額を減少させる見込みに変更があったことにより計上された繰延税金資産がある場合には、その繰延税金資産はないものとします（法規38の28③一ト）。

⑧　当期純損益金額に係る繰延税金資産又は繰延税金負債のうちに、適用税率の引上げ又は引下げにより計上された繰延税金資産又は繰延税金負債がある場合には、当該繰延税金資産又は繰延税金負債はないものとします（法規38の28③一チ）。

⑨　当期純損益金額に係る繰延税金資産のうちに、その対象会計年度後の対象会計年度の法人税等の額から控除されることとなる金額（例：繰越外国税額）に係る繰延税金資産（特定繰延税金資産を除きます。）がある場合には、その繰延税金資産はないものとします（法規38の28③一リ）。

⑩　特定取引（法人税法施行規則第38条の15第4項に規定する資産の同項に規定する移転のことをいいます。）が行われた場合において、同項に規定する他の会社等が当該特定取引の直前において当該特定取引に係る資産に係る繰延税金資産又は繰延税金負債を有していたときは、当該特定取引の時に当該繰延税金資産又は繰延税金負債に相当する繰延税金資産又は繰延税金負債が同項に規定する対象会社等において生じたものとします（法規38の28③一ヌ）。

⑪　帳簿価額の変更（法人税法施行規則第38条の15第5項に規定する資産の帳簿価額の同項に規定する変更のことをいいます。）により取り崩された繰延税金資産又は繰延税金負債があった場合には、当該繰延税金資産又は繰延税金負債は、当該帳簿価額の変更によっては取り崩されなかったものとします（法規38の28③一ル）。

⑫　当該当期純損益金額に係る繰延税金資産のうちに、移行対象会計年度前の特定取引又は帳簿価額の変更により生じた繰延税金資産がある場合には、当該繰延税金資産は一定の金額を限度として生じたものとします（法規38の28③一ヲ）。

⑬　当該当期純損益金額に係る繰延税金負債のうちに、移行対象会計年度前の特定取引又は帳簿価額の変更により生じた繰延税金負債がある場合には、当該繰延税金負債はないものとします（法規38の28③一ワ）。

(2) 加算項目

過去対象会計年度において調整後対象租税額から減算された一定の部分の金額に係る繰延税金負債のうち、その対象会計年度において支払われた部分に相当する金額等の項目を加算します（法規38の28③二）。

具体的には、以下の金額について加算を行います。

① 過去対象会計年度において下記の(3)③により調整後対象相税額から減額された金額に係る繰延税金負債のうち、当該対象会計年度において支払われた部分に相当する金額（法規38の28③二イ）

② 過去対象会計年度において、5対象会計年度内に支払われることが見込まれない繰延税金負債に係る特例（法規38の28④）の調整により調整後対象租税額から減算された金額に係る繰延税金負債のうち、当該対象会計年度において支払われた部分に相当する金額（法規38の28③二ロ）

③ 過去対象会計年度における再計算調整後対象租税額の計算上減算された取戻繰延税金負債のうち、その対象会計年度において支払われた額に相当する金額（法規38の28③二ハ）

④ その対象会計年度において取り崩された繰延税金負債のうち、過去対象会計年度の当期純損益金額に係る繰延税金負債が適用税率の引上げにより増加した場合（引上げ前の適用税率が基準税率を下回る場合に限ります。）における当該増加した繰延税金負債に相当する金額（法規38の28③二ニ）

⑶　減算項目

その対象会計年度において生じた欠損の金額についてその対象会計年度後の対象会計年度における法人税等の額を減少させることが見込まれないことにより繰延税金資産が計上されなかった場合において、その欠損の金額がその対象会計年度後の対象会計年度における法人税等の額を減少させることが見込まれるとしたならば計上されることとなる繰延税金資産に相当する金額等の項目を減算します（法規38の28③三）。

具体的には、以下の金額について減算を行います。

①　その対象会計年度において生じた欠損の金額についてその対象会計年度後の対象会計年度における法人税等の額を減少させることが見込まれないことにより繰延税金資産が計上されなかった場合において、その欠損の金額がその対象会計年度後の対象会計年度における法人税等の額を減少させることが見込まれるとしたならば計上されることとなる繰延税金資産に相当する金額（法規38の28③三イ）

②　その対象会計年度において生じた欠損の金額がある場合において、欠損金の繰戻還付に係る還付金の額がある場合においてその欠損の金額が翌対象会計年度以後に繰り越されるとしたならば計上されることとなる繰延税金資産に相当する金額（法規38の28③三ロ）

③　所有持分の移転により特定多国籍企業グループ等に属することとなった構成会社等のその属することとなる前の過去対象会計年

度において計上された繰延税金負債のうち、その移転の日を含む対象会計年度の５対象会計年度後の対象会計年度終了の日までに取り崩されなかった繰延税金負債に係る部分の金額（取り崩される蓋然性が高い一定の繰延税金負債に係る部分の金額を除きます。）に相当する金額（法規38の28③三ハ）

3　その他の包括利益等に含まれる対象租税の額

「その他の包括利益等に含まれる対象租税の額」は、特定連結等財務諸表の作成の基礎となる個別財務諸表のうち純資産の項目又はその他の包括利益の項目に記載された対象租税の額であって、その対象租税の額の基礎とされた金額が個別計算所得等の金額に含まれるものをいいます（法令155の35①三、法規38の28⑦）。

国際最低課税額の計算：ステップ②各国の実効税率の計算

1　国別実効税率

GMT 法人税は、原則として、構成会社等の所在地国における実効税率が基準税率を下回っている場合に、その不足税額分についてトップアップ課税を行おうとするものです。そのため、各国の国別実効税率の状況により、課税関係が大きく変わります。

具体的には、グループ GMT 額の計算方法は、国別実効税率が15％未満であるか、それ以上であるかによって変わるほか（102頁以下参照）、トップアップ課税に係る税率（トップアップ税率）は、基準税率である15％と国別実効税率との差分によって定まることとなっています（104頁以下参照）。

そのため、GMT 額の計算を進める上で、国別実効税率を計算することは欠かせないステップといえます。

2　原則的な計算方法

「国別実効税率」は、「国別調整後対象租税額」を「国別グループ純所得の金額」で除した割合です（法法82の２②一イ(3)）。

「国別調整後対象租税額」は、その国を所在地国とする全ての構成会社等のその対象会計年度に係る「調整後対象租税額」の合計額（法法82の２②一イ(3)(i)）です。

また、「国別グループ純所得の金額」は、

①　その国を所在地国とする全ての構成会社等の個別計算所得金額の合計額から、

②　その国を所在地国とする全ての構成会社等の個別計算損失金額の合計額を控除した残額

とされており（法法82の２②一イ(1)）、基本的にはその国を所在地国とする全ての構成会社等の「個別計算所得等の金額」を通算した金額です。

3　特殊な構成会社等の場合（グルーピング特例）

構成会社等に係るグループGMT額のうち当期国別GMT額は、基準税率と国別実効税率の差分であるトップアップ税率により定まることから、原則として、構成会社等の所在地国単位で合算して算出することとされています。

しかし、所在地国に所在する構成会社等のうちに、特定MNEグループ等に属する構成会社等以外の者にその持分の多くを所有されるもの（被少数保有構成会社等）や、各種投資活動を目的とするもの（各種投資会社等）がある場合に、それらを区別することなく同国内に所在する他の構成会社等と合わせて国別実効税率を計算してしまうと、当該他の構成会社等にとって国別実効税率が不当に低く算出されてしまうなど、不都合が生じることが想定されます。

具体的には、被少数保有構成会社等は、特定MNEグループ等に属する構成会社等以外の者にその持分の多くを所有されることが想定されるため、被少数保有構成会社等に係るGMT額が発生することでグループ外からの投資が控えられるようなことのないように配慮することが求められ、特定MNEグループ等に属する他の構成会社等の所得額や租税額による影響を遮断する必要があります。また、投資ファンドのような各種投資会社等は、その投資リターンを最大化するために、その会社等（ファンド）レベルでの課税をなるべく受けないようにスキームを構築することが一般的であり、その実効税率は通常の構成会社等と比較して著しく低くなることが通例であるため、そのことがグループ内で通常の事業活動を行っている他の構成会社等に係る国別実効税率の計算に影響を与えないようにする必要があります。

そのため、以下の構成会社等については、「特定構成会社等」とした上で、構成会社等に係るグループGMT額に係る規定（法法82の2②一～三）の適用に際しては、「特定構成会社等」と「特定構成会社等以外の構成会社等」とに区分した上で、特定構成会社等については各類型ごとに、それらの規定を適用することで、国別実効税率が適切に算出されるようになっています（いわゆる「グルーピング特例」）（法法82の2③）。

①　被少数保有構成会社等

「被少数保有構成会社等」（以下「MOCE」といいます。）とは、構成会社等のうち、最終親会社等におけるその構成会社等（特定MNEグループ等の最終親会社等及びその恒久的施設等を除きます。）に係る直接保有割合と間接保有割合の合計割合が30％以下のものをいいます（法法82十九）。なお、ここでの「直接保有割合」と「間接保有割合」の計算については、共同支配親会社等に係る請求権割合（54頁の**「重要事項解説」**「（共同支配親会社等に係る）請求権割合」を参照）に準じて行うこととされています。

（注）　ただし、下記②及び③に該当するものを除きます。

②　被少数保有親構成会社等及び被少数保有子構成会社等からなる被少数保有構成会社等グループ

「被少数保有親構成会社等」（以下「MOPE」といいます。）とは、

MOCEのうち他のMOCEの支配持分を直接又は間接に有するもの（他のMOCEがその支配持分を直接又は間接に有しないものに限ります。）をいい（法法82二十）、「被少数保有子構成会社等」（以下「MO Sub」といいます。）とは、MOCEのうちMOPEがその支配持分を直接又は間接に有するものをいいます（法法82二十一）。

（注）　ただし、下記③に該当するものを除きます。また、ある所在地国に複数のサブグループに属するMOCEがある場合には、それぞれのサブグループごとに規定の適用を行うこととされています。

③　各種投資会社等

「各種投資会社等」には以下のものが含まれます。

a　投資会社等

b　不動産投資会社等

c　付随会社等

d　保険投資会社等

（注）　ただし、ある所在地国に複数の各種投資会社等がある場合には、それらを１つのグループとして、規定の適用を行うこととされています。

なお、共同支配会社等についても、構成会社等における取扱いに準じ、同じ所在地国にある構成会社等とは別のグループ（共同支配会社等グループ）として共同支配会社等に係る国別実効税率及びグループGMT額を計算します。

また、被少数保有構成会社等グループ及び共同支配会社等グループについては、事業体の類型としては同じであっても、直接の資本関係がなければ、さらに区別して計算します。

特殊な類型の会社等に係る実効税率及び GMT 額の計算

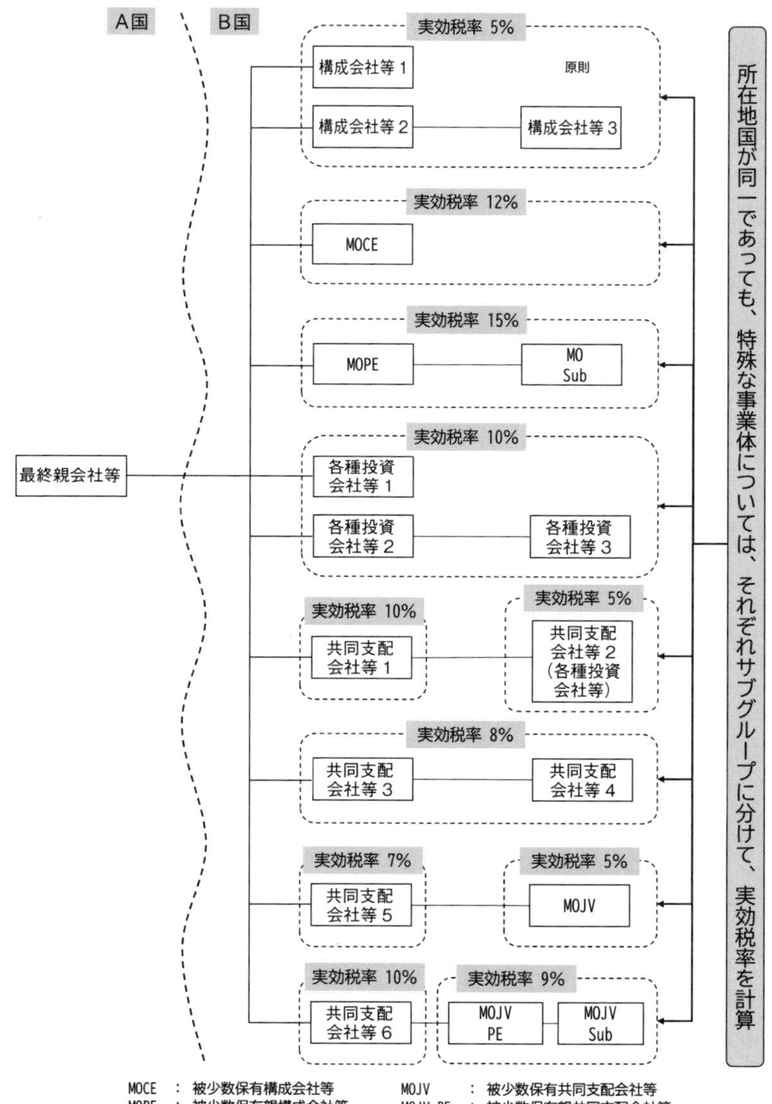

MOCE　：被少数保有構成会社等
MOPE　：被少数保有親構成会社等
MO Sub：被少数保有子構成会社等
MOJV　　：被少数保有共同支配会社等
MOJV PE　：被少数保有親共同支配会社等
MOJV Sub：被少数保有子共同支配会社等

（出典：『令和 5 年度　税制改正の解説』財務省 HP、902頁の図に基づき作成。）

国際最低課税額の計算：ステップ③－(1) グループ国際最低課税額の計算（原則）

GMT額計算の起点となるグループGMT額は、原則として各国の実効税率に対応して定まるものであり、国単位で算出することが想定されていることから、構成会社等のそれぞれの所在地国ごとに、その金額を計算することになります。

具体的には、通常の（無国籍会社等でない）構成会社等に係るグループGMT額は、構成会社等の所在地国における「国別グループ純所得の金額」と「国別実効税率」の状況に応じて定められた方法により計算することとされており、下表のとおり、それぞれ該当する加算項目と減算項目に基づいて算定することとされています（法法82の2②一～三）。

例えば、構成会社等の所在地国における国別グループ純所得の金額が「あり」、その国別実効税率が「15％未満」である場合のグループGMT額は、①当期国別GMT額＋②再計算国別GMT額＋③未分配所得GMT額－⑤QDMTT額によって計算されます。

グループ GMT 額の計算方法

	国別グループ純所得	あり		なし
	国別実効税率	15%未満	15%以上	（すべての場合）
加算項目	①　当期国別 GMT 額	○		
加算項目	②　再計算国別 GMT 額	○	○	○
加算項目	③　未分配所得 GMT 額	○	○	○
加算項目	④　永久差異調整国別 GMT 額			○（注）
減算項目	⑤　QDMTT 額	○	○	○

（注）　その国を所在地国とする全ての構成会社等の調整後対象租税額の合計額が0を下回る場合で、その下回る額から特定国別調整後対象租税額（111頁参照）を控除した残額（永久差異調整国別 GMT 額）があるときに限ります（法82の2②三）。

　ただし、永久差異調整国別 GMT 額については、その対象会計年度で加算せず、翌対象会計年度以降の当期国別 GMT 額の計算において、国別実効税率の分子の計算上、控除することを選択できます（法82の2⑫）。

なお、「所在地国」の判定ルール上、所在地国がないものとされる会社等、すなわち「無国籍会社等」があり得ることから、構成会社等のうち無国籍会社等に該当するものについては「無国籍構成会社等」と整理して、通常の構成会社等に係るグループ GMT 額の算定方法とは別の方法で計算することとされています（法法82の2②四～六）。

例外的な規定や無国籍構成会社等に係るグループ GMT 額の算定方法については、次のⅨ章で説明します。

1　当期国別国際最低課税額

グループGMT額のうち、「当期国別GMT額」は、特定MNEグループ等の構成会社等の所在地国における実効税率が国際的に合意された最低税率である15%を下回ることによって算出される金額であり、基本的には、当該所在地国におけるそのグループ全体の純所得に対して、その実効税率と15%との差分を税率とした割合を乗ずることにより算出するものです。

しかし、本税制においては、実体を有する経済活動を行う企業への配慮等の観点から、その経済活動に伴う一定の費用や資産に対応した額を「実質ベース所得除外額」として除外することを認めることとしています。

そのため、当期国別GMT額は、「Ⓐ国別グループ純所得の金額」から「Ⓑ実質ベース所得除外額」を控除した残額に対して、「Ⓒトップアップ税率」（基準税率に満たない部分として計算される税率、すなわち、15%からその対象会計年度に係るその所在地国における「Ⓓ国別実効税率」を控除した割合）を乗じて計算した金額とされています（法法82の2②一イ）。

そして、「Ⓓ国別実効税率」とは、「Ⓔ国別調整後対象租税額」が「Ⓐ国別グループ純所得の金額」のうちに占める割合であることから、これらを算式にまとめると以下のとおりとなります。

・当期国別GMT額＝（「Ⓐ国別グループ純所得の金額」－「Ⓑ実質ベース所得除外額」）×「Ⓒトップアップ税率」

・「Ⓒトップアップ税率」＝基準税率（15％）－「Ⓓ国別実効税率」
・「Ⓓ国別実効税率」＝「Ⓔ国別調整後対象租税額」÷「Ⓐ国別グループ純所得の金額」

当期国別 GMT 額の算出イメージ

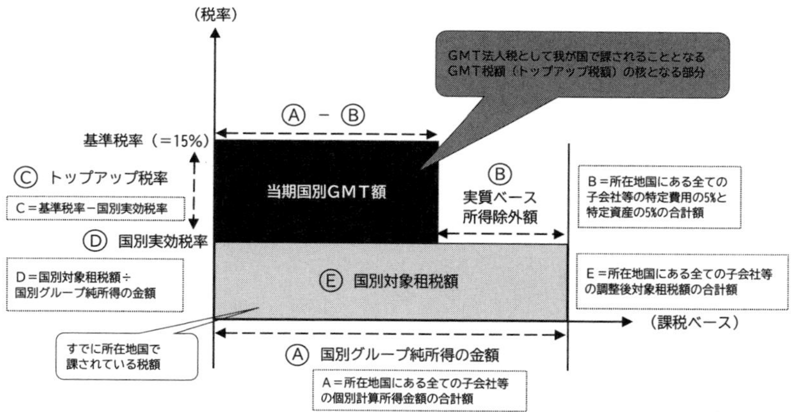

（出典：「グローバル・ミニマム課税への対応に関する改正のあらまし」国税庁 HP、令和５年４月、２頁の図に基づき作成）

(1)　実質ベース所得除外額

「実質ベース所得除外額」とは、

①　その所在地国において行う勤務その他の人的役務の提供に基因するその構成会社等の「特定費用」の額の合計額の５％（適用除外割合）に相当する金額と、

②　その所在地国にあるその構成会社等が有する「特定資産」の額の合計額の５％（適用除外割合）に相当する金額

の合計額をいいます（法法82の２②一イ(2)）。

この「特定費用」とは、会社等の従業員又はこれに類する者に係る次に掲げる費用をいいます（法令155の38①一、法規38の31①）。

イ　俸給、給料、賃金、歳費、賞与又はこれらの性質を有する給与

ロ　人的役務の提供に対する報酬（イに掲げる費用を除きます。）

ハ　その会社等が負担する社会保険料

ニ　福利厚生に係る費用

ホ　イからニまでに掲げる費用に類する費用

ヘ　イからホまでに掲げる費用の支払に基因してその会社等に対して課される税

また、「特定資産」とは、最終親会社等財務会計基準における次に掲げる資産（投資、売却又はリースを目的として有するものを除きます。）をいいます（法令155の38①二、法規38の31④）。

イ　有形固定資産

ロ　天然資源

ハ　リース資産（有形資産に係るものに限ります。）又はこれに相当するもの

ニ　国等の認可（これに準ずるものを含みます。）を要する不動産の使用又は天然資源の開発に係る権利その他これらに相当する権利

ただし、経過措置として、①特定費用に係る「適用除外割合」については、令和６年中に開始する対象会計年度においては9.8％とし、以後９年間で５％に逓減するものとされています（令５改正法附則14⑤）。

開始する対象会計年度	適用除外割合	開始する対象会計年度	適用除外割合
令和６（2024）年	9.8%	令和11（2029）年	8.2%
令和７（2025）年	9.6%	令和12（2030）年	7.4%
令和８（2026）年	9.4%	令和13（2031）年	6.6%
令和９（2027）年	9.2%	令和14（2032）年	5.8%
令和10（2028）年	9.0%	令和15(2033)年以降	5.0%

また、②特定資産に係る「適用除外割合」についても、令和６年中に開始する対象会計年度においては7.8%とし、以後９年間で５%に逓減するものとされています（令５改正法附則14⑥）。

開始する対象会計年度	適用除外割合	開始する対象会計年度	適用除外割合
令和６（2024）年	7.8%	令和11（2029）年	6.6%
令和７（2025）年	7.6%	令和12（2030）年	6.2%
令和８（2026）年	7.4%	令和13（2031）年	5.8%
令和９（2027）年	7.2%	令和14（2032）年	5.4%
令和10（2028）年	7.0%	令和15(2033)年以降	5.0%

(2)　実質ベース所得除外額の特例

実質ベース所得除外額が僅少であると考えられる場合にも常にその算定を義務付けた場合には、その便益に見合わない過大な事務負担となってしまうことから、そのような事務負担の軽減を図った特例が設けられています。

具体的には、グループ GMT 額の計算につき本特例の適用を受けようとする旨を含む特定 MNE グループ等報告事項等の提供がなされている場合などには、当該所在地国に係る実質ベース所得除外額は零とすることが認められており、その場合には実質ベース所得除外額を実際に計算することを要しません（法法82の２⑪）。

(3) 適用免除基準（デミニマス除外）

このように、当期国別GMT額は、基本的に「国別グループ純所得の金額」、「実質ベース所得除外額」、「国別実効税率」をもとに算定することとされていますが、仮に実効税率が15％未満であったとしても当期国別GMT額が僅少であると考えられる一定の場合については、特定MNEグループ等の選択により、当期国別GMT額を零とみなすことができる「適用免除基準（デミニマス除外）」が設けられています（法法82の２⑦）。

詳細は122頁以下をご参照下さい。

2 再計算国別国際最低課税額

構成会社等の所在地国において、一定の事由により、過去の対象会計年度に係る調整後対象租税額が減少した場合には、その減少分に対応する形で、事後的に当該対象会計年度に係る当期国別GMT額として本来算出されるべきであった金額が生じる可能性があります。

そのため、過去対象会計年度の構成会社等の所在地国に係る当期国別GMT額に満たない金額として政令で定める金額の合計額を「再計算国別GMT額」とすることで、事後的に調整することとされています（法法82の2②一ロ・二イ・三イ）。

具体的には、過去対象会計年度に関して、所在地国における法人税率の引下げや、欠損金の繰戻還付などが生じた場合には、その影響を考慮した当該過去対象会計年度に係る「国別グループ純所得の金額」や「再計算調整後対象租税額」、「再計算国別実効税率」を計算し、それらに基づく「再計算当期国別GMT額」を算出します。そして、「再計算当期国別GMT額」から当該過去対象会計年度に係る「当期国別GMT額」を控除した残額（注）が「再計算国別GMT額」として、構成会社等に係るグループGMT額に加算されることとなります（法令155の40）。

（注） ただし、その対象会計年度開始の日前に開始した各対象会計年度において既にその過去対象会計年度に係る再計算国別GMT額とされた金額（以下、「調整済額」といいます。）がある場合には、その残額からその調整済額を控除した残額となります。

3　未分配所得国際最低課税額

各種投資会社等である構成会社等に係る個別計算所得金額のうち、他の構成会社等に分配されなかった部分に対応する金額は、「未分配所得GMT額」として構成会社等に係るグループGMT額の計算対象となります（法法82の2②一ハ・二ロ・三ロ）。

具体的には、課税分配法（下記**「参考」**参照）の対象となっている各種投資会社等の利益のうち、4対象会計年度以内に分配しきれなかった残額で、その持分保有者の持分に対応する部分については、未分配所得GMT額として、構成会社等に係るグループGMT額に加算されることとなります（法令155の42①②）。

参考　課税分配法

「課税分配法」とは、①各種投資会社等の持分を保有する構成会社等（各種投資会社等を除きます。）である持分保有者が、その各種投資会社等から受ける利益の配当に対して基準税率以上の税率で課税されている場合に、②その利益の配当が持分保有者の個別計算所得等の金額に含まれる一方、③その各種投資会社等の利益のうち、その持分保有者の持分に対応する部分がその各種投資会社等の個別計算所得等の金額から除外され、④その各種投資会社等の利益のうち4対象会計年度以内に分配しきれなかった残額のうちその持分保有者の持分に対応する部分については未分配所得GMT額としてGMT額の一部となる特例をいいます。なお、本特例は各種投資会社等及びその持分保有者の組み合わせごとの5年選択とされています（法令155の31）。

4　永久差異調整に係る国別国際最低課税額

ある国に国別グループ純所得の金額がない対象会計年度において、当該国の「国別調整後対象租税額」が零未満、かつ「国別調整後対象租税額」が「特定国別調整後対象租税額」よりも低い場合には、当該「国別調整後対象租税額」と、「特定国別調整後対象租税額」の差額を、「永久差異調整国別GMT額」として、その国のグループGMT額に含めることとされています（法法82の2②三ハ）。

この「国別調整後対象租税額」は、その国を所在地国とする全ての構成会社等のその対象会計年度に係る「調整後対象租税額」の合計額のことをいいますが、ここではそれが零未満の場合を想定していますので、具体的には、現地税法に基づいて計算される欠損金に係る繰延税金資産の額などが、これに該当するものと考えられます。

また、「特定国別調整後対象租税額」とは、その国を所在地国とする全ての構成会社等のその対象会計年度に係る個別計算損失金額の合計額からそれらに係る個別計算所得金額の合計額を控除した金額に基準税率を乗じて計算した金額のことをいいますので、実質的には、GMT法人税のルールに基づいて計算される欠損金に基準税率である15％を乗じた場合の繰延税金資産の額になります。

このように、「永久差異調整国別GMT額」は、現地税法に基づいて計算される繰延税金資産の額がGMT法人税のルールに基づいて計算される繰延税金資産の額よりも大きい場合に生じる将来年度における実効税率計算への影響を踏まえ、予めその分をグループGMT額に含めることとして、課税が行われるものです。

これは、GMT 法人税における実効税率を計算する際の分子に含まれる「調整後対象租税額」に、税効果会計により生ずる「法人税等調整額」が含まれていることと関係しています。

税効果会計では、税法上欠損金の繰越制度のある国において、欠損金が生じた年度には、それが将来年度における課税所得を減額させる効果を有することから、その欠損金の額に対応した「繰延税金資産」が計上され、その分だけ法人税額（法人税等調整額）を減らして当期純利益を計算する処理を行い、逆に、繰越欠損金により課税所得を相殺した年度には、「繰延税金資産」が取り崩され、その分だけ法人税額（法人税等調整額）を加えて当期純利益を計算することとなります。

このことは、GMT 法人税との関係では、欠損金の発生年度には、調整後対象租税額から「法人税等調整額」が減算されることにより実効税率を計算する際の分子の額が小さくなることから、その発生年度に係る「実効税率」を下げる効果をもつ一方で、欠損金の取崩年度には、調整後対象租税額に「法人税等調整額」が加算されることにより実効税率を計算する際の分子の額が大きくなることから、その取崩年度に係る「実効税率」を上げる効果をもちます。

GMT 法人税は、多くの国においていわゆる「法人所得税」における課税所得が財務会計上の損益に一定の調整を加えることにより計算されることを踏まえ、GMT 額の計算に際しても、その起点となる当期純損益金額に一定の調整を加えて行うこととしています。

しかし、あくまでも多くの国で一般的とされる一定の項目に関してのみ調整を加えることとしているため、現地税法固有の特殊な調整項目があった場合には、GMT 法人税の計算ルールとの間に所得計算上の永久差異（期間の経過によっても解消しない差異）が生じることが避けられません。

そして、そのような永久差異があることにより、現地税法上の欠損金の額が GMT 法人税上の損失の額よりも大きくなる場合には、その差異が解消されない分だけ「繰延税金資産」が大きくなり、ひいては実効税率を計算する際の分子に含まれる「調整後対象租税額」に加算される「法人税等調整額」も過大となる結果、繰延税金資産の取崩年度における実効税率が過大となることが想定されます。

このようにして将来生じる過大計上分は、それがなければ繰延税金資産の取崩年度において実効税率を押し下げるため、その分だけ当期国別 GMT 額の発生に寄与しているものと考えられますが、GMT 法人税においては、それを繰延税金資産の発生年度において、あらかじめ永久差異調整国別 GMT 額として課税することとしています。

なお、永久差異調整国別 GMT 額については、その対象会計年度で加算するのが原則ですが、その対象事業年度で加算せずに、翌対象事業年度以降で、国別グループ純所得があり、かつ、国別調整後対象租税額が正の値である対象事業年度において、その繰り越された事業年度の国別調整後対象租税額から繰越控除することを選択できます（法法82の２⑫）。

5　自国内最低課税額に係る税の額

「QDMTT 額」とは、我が国以外の国の租税に関する法令において、その国を所在地国とする特定 MNE グループ等に属する構成会社等に対して課される税又はこれに相当する税の額のことをいいます（法法82三十一）。

ただし、その国における国別実効税率に相当する割合が基準税率に満たない場合のその満たない部分の割合を基礎として計算される金額を課税標準とするものに限ります。

これは、所在地国における現地法令に基づく税であって、GloBE ルールに関連して導入される適格国内ミニマム課税（QDMTT）に基づくもの（又はそれに相当するもの）を指しており、そのような QDMTT 額が存在する場合には、仮に当該所在地国において、当期国別 GMT 額、再計算国別 GMT 額、未分配所得 GMT 額が生じることになったとしても、QDMTT 額が控除されることとなるため（法法82の２②一ニ・二ハ・三ニ）、構成会社等に係るグループ GMT 額は最終的に生じないことになるものと思われます。

QDMTT は、我が国では未だ国内法制化されていませんが、英国や豪州などの国々においては既に導入されていますので、子会社等の所在地国における現地税制の状況については、注意深く確認する必要があります。

なお、次章で述べるとおり、QDMTTについては、適用免除基準（QDMTTセーフ・ハーバー）も設けられており、その要件を充足している場合には、その所在地国に係るグループGMT額を零とみなすことができるとされています（法法82の2⑥）。

国際最低課税額の計算：ステップ③－(2) グループ国際最低課税額の計算（例外等）

前章ではグループ GMT 額の計算方法について、原則的な取扱いについて「当期国別 GMT 額」、「再計算国別 GMT 額」などの５つの要素ごとに説明しましたが、これらの金額の算定は非常に複雑かつ詳細な計算規定に則って行う必要があり、GMT 法人税の課税対象となる大規模な多国籍企業である特定 MNE グループ等にとっても容易なことではありません。そのため、一定の要件を満たした場合にグループ GMT 額や当期国別 GMT 額の算定を不要とする仕組みとして適用免除基準（セーフ・ハーバー）が設けられています。

また、無国籍会社等についても、グループ GMT 額の計算方法が原則的な取扱いとは異なっているため、各種の適用免除基準とあわせて、本章にて説明します。

なお、共同支配会社等に関しても、適用免除基準（QDMTT セーフ・ハーバー及びデミニマス除外）の適用が認められているほか（法法82の２⑬による⑥～⑦の準用）、移行期間 CbCR セーフ・ハーバーに係る措置が設けられています（令５改正法附則14③④）。

1　適用免除基準(1)（QDMTT セーフ・ハーバー）

QDMTT とは、GloBE ルールと同様のトップアップ課税を各国の国内法レベルで行うものであり、多国籍企業グループに属する会社等について、その所在地国における実効税率が最低税率を下回る場合に、（親会社の所在地国ではなく）そのグループ会社等の所在地国において当該会社等に対して、その税負担が最低税率に至るまで課税する仕組みです。

Ⅷ章の 5 で述べたように、グループ GMT 額の計算において、ある所在地国で QDMTT 額が存在している場合には、その所在地国に係る当期国別 GMT 額などから QDMTT 額が控除されることになっています。そして、QDMTT は、もともと GloBE ルールに整合的な当該所在地国における国内法に基づく最低課税制度として導入されることが想定されているため、ある所在地国で QDMTT 額が存在する場合には、実質的にその所在地国に係るグループ GMT 額は生じないこととなるはずです。

しかし、結果として二重課税状態が生じないことになるとしても、所在地国で現地税法の計算規定に従って QDMTT の税額を計算するだけでなく、我が国でも本税制の計算規定に従って当期国別 GMT 額などを計算することが求められるというのでは、両制度が類似してはいるものの各々の計算規定が完全に同一ではないことを考えると、特定 MNE グループ等において、著しい事務負担となることが懸念されるところです。

そのため、ある所在地国において QDMTT が導入されている場合には、当該QDMTTに関する法令が法人税法施行令などで定める一定の要件をすべて充足していることを条件に、当該対象会計年度のその所在地国に係るグループGMT額を零とみなすことができる「適用免除基準（QDMTTセーフ・ハーバー）」が設けられました（法法82の2⑥）。なお、無国籍構成会社等についても、同様の規定が設けられています（法法82の2⑥括弧書き）。

この場合、軽課税国に所在する構成会社等においては、現地における通常の法人税を申告・納付するほかに、その所在地国における構成会社等の実効税率を計算し、基準税率である15%との差分についてQDMTTとしてその国で申告・納付することとなります。このQDMTTに係る申告・納付に際しては、その所在地国の国内法に基づくQDMTT額としての計算が求められるため、実質的には、GMT法人税におけるグループGMT額の計算に近い作業が求められることになると思われますが、それに関してQDMTTセーフ・ハーバーの適用がある場合には、その所在地国に係るグループGMT額が零となることから、我が国におけるGMT法人税との関係では、追加の計算が不要となります。

(1)　適用免除のための具体的要件

具体的には、所在地国におけるQDMTTに関して定められた当該所在地国の法令が、次に掲げる①及び②のいずれの要件も満たすときには、その所在地国に係るグループGMT額が零となります。

①　当該QDMTTに関する法令が、次に掲げる要件のいずれかを

満たすものであること（法法82の２⑥一、法令155の54①）。

イ　法人税法施行令第155条の16第１項、第２項及び第10項の規定に相当する規定並びに法人税法施行規則第38条の13（第５項を除く。）及び第38条の15第１項から第３項までの規定に相当する規定に基づき構成会社等及び共同支配会社等の当期純損益金額を計算することとされていること（法令155の54①一、法規38の43①）。

ロ　次に掲げる要件の全てを満たすこと（法令155の54①二）

⑴　QDMTT を課することとされている特定MNE グループ等に属する全ての構成会社等の所在地国等財務諸表（注１）が作成されている場合には、当該所在地国等財務諸表に係る所在地国等財務会計基準（注２）に従ってこれらの構成会社等の当期純損益金額に相当する金額を計算することとされ、かつ、これらの構成会社等のうちいずれかの構成会社等の所在地国等財務諸表が作成されていない場合には、財務省令（法規38の43①）で定める規定に基づき当該当期純損益金額を計算することとされていること。

⑵　QDMTT を課することとされている特定MNE グループ等に係る共同支配会社等及び当該共同支配会社等に係る他の共同支配会社等の所在地国等財務諸表が作成されている場合には、これらの所在地国等財務諸表に係る所在地国等財務会計基準に従って当該共同支配会社等及び当該他の共同支配会社等の当期純損益金額に相当する金額を計算することとされ、かつ、当該共同支配会社等及び当該他の共同支配会社等のう

ちいずれかの共同支配会社等の所在地国等財務諸表が作成されていない場合には、財務省令（法規38の43①）で定める規定に基づきこれらの当期純損益金額を計算することとされていること。

② 当該 QDMTT に関する法令が、次に掲げる要件をいずれも満たすものであること（法法82の２⑥二、法令155の54③、法規38の43③）。

イ 最終親会社等又は被部分保有親会社等が各対象会計年度開始の日からその終了の日までの期間において当該国又は地域を所在地国とする全ての構成会社等に係る持分の全てを有する場合にのみ QDMTT を課することとされているものでないこと。

ロ 特定 MNE グループ等に係る当該国又は地域を所在地国とする共同支配会社等に対して QDMTT に係る税を課することとされているものであること。

ハ GMT 法人税における個別計算所得等の金額の計算に関する規定に相当する規定が設けられているものであること。

ニ GMT 法人税における法人税法第82条の２第２項各号及び第４項各号に定める金額の計算に関する規定（構成会社等と共同支配会社等に係るグループ GMT 額の計算規定）に相当する規定が設けられていないことにより、当該国に係るこれらの金額が生ずるおそれがあると認められるものでないこと。

（注１）「所在地国等財務諸表」とは、構成会社等又は共同支配会社等の所在地国に係る所在地国等財務会計基準に従って当該構成会社等又は共同支配会社等の財産及び損益の状況を記載した計算書類として財務省令で定めるものをいいます（法令155の54②二）。ただし、その作成に係る期間

が当該特定MNEグループ等の対象会計年度と同一であるものに限ります。

（注２）「所在地国等財務会計基準」とは、当該所在地国（無国籍会社等である場合にあっては、その設立国をいいます。）において一般に公正妥当と認められる会計処理の基準のことをいいます（法令155の54②一）。

⑵　適用要件

本特例は、特定MNEグループ等の各対象会計年度に係る特定MNEグループ等報告事項等の提供がある場合又は我が国以外の国若しくは地域の租税に関する法令を執行する当局にその特定MNEグループ等報告事項等に相当する事項の提供がある場合に限り、適用することができるものとされています（法法82の２⑩）。

2　適用免除基準(2)（デミニマス除外）

グループGMT額のうち、その核となる「当期国別GMT額」は、原則として「国別グループ純所得の金額」、「実質ベース所得除外額」、「国別実効税率」をそれぞれ計算して求めることとされています。

しかし、仮に実効税率が15％未満であったとしても当期国別GMT額が僅少であると考えられる一定の場合については、納税者の負担軽減の観点から、特定MNEグループ等が選択することにより、当期国別GMT額を零とみなすことができる「適用免除基準（デミニマス除外）」が設けられています。

具体的には、「適用免除基準（デミニマス除外）」は、以下の要件のいずれも満たす場合に適用できることとされています。

(1)　収入金額要件

その所在地国における全ての構成会社等（注１）の適用対象会計年度（本特例の適用を受けようとする対象会計年度のことをいいます）とその直前２対象会計年度に係る収入金額（注２）の合計額を３年平均した金額が、1000万ユーロを本邦通貨表示の金額に換算した金額に満たないこと（法法82の２⑦一）。

（注１）　ただし、各種投資会社等は除きます。

（注２）　構成会社等の収入金額については、個別計算所得等の金額の計算に際して行う一定の調整（法令155の16～155の18）の例により計算した金額とされています（法規38の44①）。ただし、その期間が１年でない対象会計年度にあっては、その金額をその対象会計年度の月数で除

し、これに12を乗じて計算した金額をもって、収入金額とすることとされています（法令155の55①）。

(2) 所得金額要件

その所在地国における適用対象会計年度とその直前２対象会計年度に係る所在地国所得等の金額（注３）の合計額を３年平均した金額が、100万ユーロを本邦通貨表示の金額に換算した金額に満たないこと（法法82の２⑦二）。

（注３）　その所在地国に所在する全ての構成会社等（ただし、各種投資会社等を除きます。）の各対象会計年度に係る個別計算所得金額の合計額からそれら全ての構成会社等の各対象会計年度に係る個別計算損失金額の合計額を減算した金額のことをいいます。ただし、その期間が１年でない対象会計年度にあっては、その金額をその対象会計年度の月数で除し、これに12を乗じて計算した金額をもって、収入金額とすることとされています（法令155の55②）。

(3) 適用要件

本特例は、特定MNEグループ等の各対象会計年度に係る特定MNEグループ等報告事項等の提供がある場合又は我が国以外の国の租税に関する法令を執行する当局にその特定MNEグループ等報告事項等に相当する事項の提供がある場合に限り、適用することができるものとされています（法法82の２⑩）。

適用免除基準（デミニマス除外）

概　要

○　仮に実効税率が15%未満であったとしても当期国別GMT額が僅少であると考えられる一定の場合において、特定MNEグループ等の選択により、当期国別GMT額を零とみなすことができる「適用免除基準（デミニマス除外）」が設けられている。

※　各種投資会社等や無国籍会社等については、デミニマス除外の適用がない。

適用要件

○　適用免除基準（デミニマス除外）は、以下の要件のいずれも満たす場合に適用することができる。

①　3年平均で計算される国別の一定の収入が、1000万ユーロ未満であること

②　3年平均で計算される国別の一定の所得が、100万ユーロ未満であること

※　被少数保有構成会社等又は被少数保有共同支配会社等は、実効税率の計算では区別されるが、適用免除基準の要件の判定では区別されない。

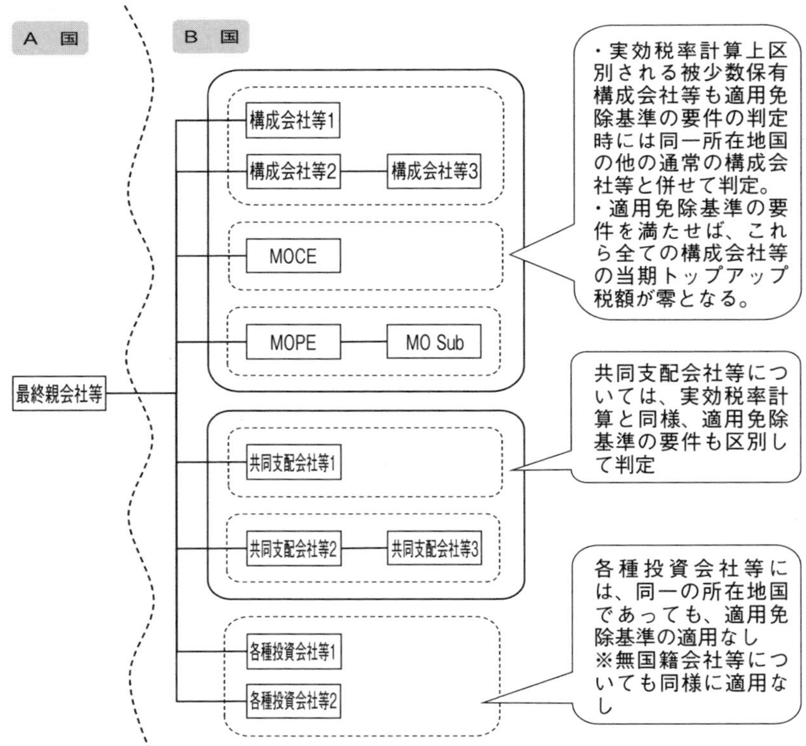

MOCE　：被少数保有構成会社等　　MO Sub：被少数保有子構成会社等
MOPE　：被少数保有親構成会社等

（出典：『令和５年度　税制改正の解説』財務省 HP、915頁の図に基づき作成。）

⑷　その他

デミニマス除外における「収入金額要件」と「所得金額要件」の判定に関しては、ある国を所在地国とする構成会社等のうちに連結除外構成会社等（127頁参照）が含まれる場合には、その判定に際して用いる収入金額と個別計算所得金額、個別計算損失金額のうち、連結除外構成会社等に係る部分について、国別報告書（CbCR）（135頁**「参考」**参照）（又はこれに相当する事項）として提供された当該所在地国に係る収入金額（当該連結除外構成会社等に係る部分に限ります）を用いることができることとされています（法令155の55③）。

3　適用免除基準(3)（連結除外構成会社等に係るセーフ・ハーバー）

GMT 法人税の適用対象となる「構成会社等」には、いわゆる連結子会社だけでなく、重要性の基準により連結除外となっている子会社も含まれます。

GMT 法人税の適用対象となる「構成会社等」には、いわゆる連結子会社だけでなく、重要性の基準により連結除外となっている子会社も含まれ、それらに係る「個別計算所得等の金額」も、原則として最終親会社の連結等財務諸表に係る会計基準（最終親会社等財務会計基準）によって計算することが求められています。しかし、そのような子会社においては、最終親会社等財務会計基準に従った計算書類が作成されておらず、現地の会計基準に従った計算書類や管理会計上の損益計算書しか存在していない可能性があります。

一般的に、「重要性」の判断が、その子会社に関する財務情報を最終親会社の連結財務諸表に取り込むために想定されるコストと、その子会社が連結財務諸表全体に与える影響とのバランスという費用便益の観点からなされていることを考慮すると、重要性がないとされた子会社に関して、本税制のためだけに最終親会社等財務会計基準に従った計算書類の作成を強制することとなれば、特定 MNE グループ等に対する著しい負担増となりかねません。

そこで、特定 MNE グループ等に属する構成会社等の所在地国において、その国を所在地国とする構成会社等のうちに「連結除外構成会社等」が含まれる場合には、連結除外構成会社等に係る国別報告事項（CbCR）（135頁**「参考」**参照）上の発生税額と収入金額を用いて一定の計算を行い、適用免除のための実効税率や利益に関する要件を満たした場合には、その対象会計年度のその所在地国に係る当期国別 GMT 額を零とすることができる「適用免除基準（連結除外構成会社等に係るセーフ・ハーバー）」が設けられています。

(1)　連結除外構成会社等

このセーフ・ハーバーを適用することができる「連結除外構成会社等」とは、次に掲げる要件の全てを満たしている場合における構成会社等及びその恒久的施設等をいいます（法法82の２⑧、法規38の44⑤）。

①　連結等財務諸表において、会社等の資産、売上高（役務収益を含む。）、損益、利益剰余金、キャッシュ・フローその他の項目からみて、連結の範囲から除いても企業集団の財政状態、経営成績及びキャッシュ・フローの状況に関する合理的な判断を妨げない程度に重要性の乏しいとの理由により、連結の範囲から除かれるものであること

②　各対象会計年度に係る調整後収入金額が、5000万ユーロを本邦通貨表示の金額に換算した金額以上であること

③　当該対象会計年度に係るその属する特定 MNE グループ等の CbCR（又はこれに相当する事項）が、次に掲げる書類を基礎として作成されていること

a.　特定財務会計基準又はその構成会社等の所在地国に係る所在地国等財務会計基準に従って作成されたその構成会社等の個別財務諸表

b.　特定財務会計基準又はその構成会社等の所在地国等財務会計基準に従って作成されたその構成会社等に係る企業集団の財産及び損益の状況を連結して記載した計算書類

(2)　適用免除のための具体的要件

「適用免除基準（連結除外構成会社等に係るセーフ・ハーバー）」は、次に掲げる要件のいずれかを満たす場合に適用することができることとされています。

①　簡素な実効税率要件（法法82の2⑧一、法令155の55⑤⑥、法規38の44⑥）

イに掲げる金額がロに掲げる金額（零を超えるものに限る。）のうちに占める割合が、100分の15以上であること。

イ　次に掲げる金額の合計額

(イ)　当該所在地国を所在地国とする全ての構成会社等（連結除外構成会社等を除きます。）の当該対象会計年度に係る調整後対象租税額の合計額

(ロ)　当該対象会計年度に係るCbCR（又はこれに相当する事項）として所轄税務署長等に提供された当該所在地国に係る発生税額に関する事項に係る金額（連結除外構成会社等に係る部分に限ります。(注)）

ロ　次に掲げる金額の合計額

⑴　当該所在地国を所在地国とする全ての構成会社等（連結除外構成会社等を除きます。）の当該対象会計年度に係る個別計算所得金額の合計額から当該対象会計年度に係る個別計算損失金額の合計額を減算した金額

⑵　当該対象会計年度に係るCbCR（又はこれに相当する事項）として所轄税務署長等に提供された当該所在地国に係る収入金額（連結除外構成会社等に係る部分に限ります。（注））

（注）当該CbCR又はこれに相当する事項が提供されない場合には、当該CbCR又はこれに相当する事項として最終親会社等の所在地国に提供されるものとした場合における当該連結除外構成会社等の所在地国に係るそれぞれの金額となります。

②　通常利益要件（法法82の２⑧二）

上記ロに掲げる金額が、当該対象会計年度の当該構成会社等に係る実質ベース所得除外額（法法82の２②一イ⑵）以下であること。

⑶　適用要件

この特例に関しても、特定MNEグループ等の各対象会計年度に係る特定MNEグループ等報告事項等の提供がある場合又は我が国以外の国若しくは地域の租税に関する法令を執行する当局にその特定MNEグループ等報告事項等に相当する事項の提供がある場合に限り、適用することができるものとされています（法法82の２⑩）。

4　移行期間 CbCR セーフ・ハーバー

前章で説明したとおり、グループ GMT 額の算定は非常に複雑かつ詳細な計算規定に則って行う必要があり、これは GMT 法人税の課税対象となる特定 MNE グループ等にとっても容易なことではありません。

そのため、国別 GMT 額が僅少である可能性が高い場合、実効税率が基準税率（15%）以上である可能性が高い場合、国別グループ純所得の金額が実質ベース所得除外額以下である可能性が高い場合については、本来の計算規定に基づくグループ GMT 額の算定を不要とする仕組み（セーフ・ハーバー）が想定されています。

「移行期間 CbCR セーフ・ハーバー」は、GMT 法人税の制度導入後の一定期間のみ適用が認められる暫定的なセーフ・ハーバーであり、所定の要件を満たした国については、その所在地国における構成会社等に係るグループ GMT 額の計算が不要となります。

これは、GMT 法人税の課税対象となる特定 MNE グループ等の多くが国別報告事項（CbCR（135頁**「参考」**参照））の提供を行っていることを踏まえた負担軽減措置であり、GMT 法人税の導入に伴う企業の事務負担に配慮することを目的とするものです。

ただし、CbCR の提供義務がなく、実際にはその提供がなされない特定 MNE グループ等であっても、最終親会社等の所在地国にその提供がなされるものとして CbCR 又はそれに相当する事項を作成した場合には、移行期間 CbCR セーフ・ハーバーの適用を受けることができることとされています（令５改正法附則14①）。

具体的には、特定MNEグループ等が提供を行うCbCR（注１）に記載された情報を用いて国別に簡易的な実効税率などを計算した結果、その特定MNEグループ等に属する構成会社等（注２）が移行期間の対象会計年度（注３）において以下の⑴から⑶までの要件（注４）のいずれかを満たすときは、その対象会計年度のその構成会社等の所在地国における当該対象会計年度に係るグループGMT額を零とすることが選択できます（令５改正法附則14①②）。

なお、「移行期間CbCRセーフ・ハーバー」は、所在地国単位でその判定を行うこととされています。ただし、構成会社等、共同支配会社等は、所在地国が同一であっても、それぞれ別々に要件該当性を判定することとされています。

また、本特例は、特定MNEグループ等に属する構成会社等だけでなく、特定MNEグループ等に係る共同支配会社等についてもその適用が認められます。ただし、国別報告事項には、共同支配会社等に係る情報は記載されていないことから、その場合には、構成会社等であればCbCRに記載された情報を用いるとされている項目について、代替的に連結等財務諸表に記載された情報を用いて計算を行うこととされています。

（注１）　移行期間CbCRセーフ・ハーバーに際して用いることのできるCbCRは、連結等財務諸表を基礎として作成されたもの（いわゆる「適格CbCR」）に限るものとされています。そのため、内部管理会計のデータを使用して作成されたCbCRの場合には、このセーフ・ハーバーを利用することができません。

（注２）　無国籍構成会社等や一定の各種投資会社等は「対象外構成会社等」とされ、移行期間CbCRセーフ・ハーバーの対象から除かれます。

（注３）　令和６年４月１日から令和８年12月31日までの間に開始する対象会計年度であって、令和10年６月30日までに終了するものに限ります。

（注４）　これらの要件の判定に用いる収入金額、税引前当期利益の額に一定の調整を加えた金額（調整後税引前当期利益の額）及び税額について、構成会社等が恒久的施設等（PE）を有する場合は、構成会社等（本店）の所在地国と PE の所在地国の双方の判定に用いられることを防ぐため、PE に係る部分の金額を除くこととされています（令５改正法令附則４⑪）。

⑴　デミニマス要件

デミニマス要件においては、次の要件を全て満たすことが求められます（令５改正法附則14①一）。

①　適格 CbCR に記載される所在地国に係る収入金額に一定の調整（注）を加えた金額が1000万ユーロ未満であること

（注）　譲渡目的で保有されている構成会社等であるため適格 CbCR の所在地国に係る収入金額にその収入金額が含まれない構成会社等がある場合には、そのような構成会社等に係る一定の収入金額を加算します（令５改正法規附則３①②）。

②　適格 CbCR に記載される所在地国に係る税引前当期利益の額に一定の調整（注）を加えた金額（以下「調整後税引前当期利益の額」といいます。）が100万ユーロ未満であること

（注）　その税引前当期利益の額の計算において、5000万ユーロ相当額を超える時価評価損に係る金額がある場合には、その金額を含まないものとして計算します（令５改正法令附則４②）。

⑵　簡素な実効税率要件

所在地国に係る「調整後税引前当期利益の額」（注１）を分母とし、所在地国の全ての構成会社等（注２）の「連結等財務諸表に記

載された法人税等の額及び法人税等調整額（注３）の合計額に一定の調整（注４）を加えた金額の合計額」を分子とする「簡素な実効税率」が、次の対象会計年度の区分に応じ、それぞれ次に定める割合以上であること（令５改正法附則14①二）。

令和６年４月１日から同年12月31日までの間に開始する対象会計年度	15%
令和７年１月１日から同年12月31日までの間に開始する対象会計年度	16%
令和８年１月１日から同年12月31日までの間に開始する対象会計年度	17%

（注１） ただし、通常の国別実効税率と同様、分母が零を超えるものに限り、計算を行います。

（注２） 対象外構成会社等を除きます。

（注３） 当期純損益金額に係るものに限ります。

（注４） 対象租税以外の租税の額や、不確実な税務処理に係る法人税等の額及び不確実な税務処理に係る繰延税金資産又は繰延税金負債について計上された法人税等調整額がある場合には、それらの金額を除きます。

(3) 通常利益要件

所在地国に係る「調整後税引前当期利益の額」が、「実質ベース所得除外額」（注）以下であることをいいます（令５改正法附則14①三）。

（注）「実質ベース所得除外額」については、その構成会社等に係るグルーピング特例を適用しないで計算した場合の金額をいい、CbCR における事業が行われる国と所在地国が同一である構成会社等（対象外構成会社等を除きます。）に係る金額に限ります。

(4)　適用要件

上記の(1)から(3)までの要件のいずれかを満たすことに加え、移行期間 CbCR セーフ・ハーバーは、基本的に、次に掲げる要件の全てを満たす場合に限り、適用することとされています（令５改正法附則14②）。

① 特定 MNE グループ等の各対象会計年度に係る特定 MNE グループ等報告事項等の提供があること（注１）

② その特定 MNE グループ等報告事項等の提供に際して、本特例の適用を受けようとする旨を含めていること

③ 本特例の適用を受けようとする対象会計年度開始の日前に開始したいずれの対象会計年度（注２）においても、その構成会社等の所在地国につき本特例（注３）の適用を受けて GMT 額又は外国におけるこれに相当するものの計算が行われていること

（注１）または、我が国以外の国の租税に関する法令を執行する当局にその特定 MNE グループ等報告事項等に相当する事項の提供があること（提供義務免除規定の適用がある場合に限ります。）

（注２）GMT 法人税の施行日（すなわち、令和６年４月１日）（または、本特例に相当する我が国以外の国の租税に関する法令の規定が同日前に施行されている場合には、その施行の日）以後に開始する対象会計年度であって、特定 MNE グループ等がその対象会計年度において特定 MNE グループ等に該当した場合におけるその対象会計年度に限ります。

（注３）本特例に相当する我が国以外の国の租税に関する法令の規定を含みます。

そのため、「移行期間 CbCR セーフ・ハーバー」は、特定 MNE

グループ等報告事項等において本セーフ・ハーバーを適用する選択を行った場合にのみ適用することができ、また、過去の対象会計年度において、各要件を満たすことができないことにより本特例の適用を受けていない対象会計年度又は各要件のいずれかを満たしていたものの本特例の適用を受けていない対象会計年度がある場合には、その後の対象会計年度において前記(1)から(3)までの要件のいずれかを満たしている場合であっても、本特例の適用を受けることができなくなってしまう点に注意が必要です。

参考　国別報告事項

Country by Country Report（CbCR）とも呼ばれ、多国籍企業グループの国別の活動状況に関する状況を税務当局に提供するものであり、我が国以外の国におけるこれに相当するものを含みます。我が国では、平成28年度税制改正による移転価格税制に係る同時文書化制度の一環として、直近会計年度の連結総収入金額が1000億円以上の多国籍企業グループ（特定多国籍企業グループ）の最終親会社等である内国法人らに提供義務が課されています。

移行期間CbCRセーフ・ハーバーの適用要件

- 原則、移行期間CbCRセーフ・ハーバーは国又は地域ごとに判定。
- ただし、構成会社等、共同支配会社等は、所在地国が同一であっても、それぞれ別々に要件該当性を判定（共同支配会社等については資本系統によってさらに区別）。
- また、過去、本セーフ・ハーバーの適用を受けなかった対象会計年度がある場合には、その後、適用要件を満たす対象会計年度があったとしても、本セーフ・ハーバーの適用を受けることはできない。

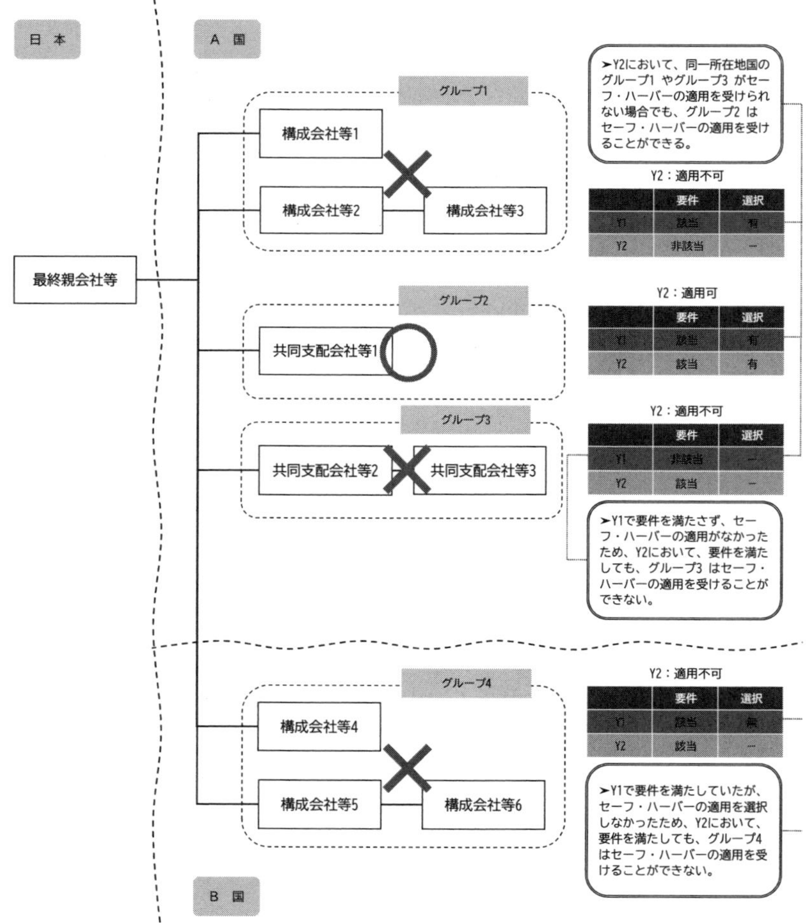

（出典：『令和５年度　税制改正の解説』財務省HP、924頁の図に基づき作成。）

5　無国籍会社等の場合

「無国籍会社等」とは、会社等または恒久的施設等のうち所在地国がないものをいいます（法法82十七）。具体的には33頁の図表で示された決定ルールに従って、所在地国がないものとみなされた会社等が、これに該当します。

そして、構成会社等のうち「無国籍会社等」に該当するものは、「無国籍構成会社等」とされ（法法82十八）、共同支配会社等のうち「無国籍会社等」に該当するものは、「無国籍共同支配会社等」とされます（法法82二十二）。

「無国籍構成会社等」や「無国籍共同支配会社等」に係るグループGMT額の計算は、そもそもその所在地国が存在しないことから、（通常の）構成会社等や共同支配会社等に係る実効税率やグループGMT額が国単位で算出されるのに対して、無国籍構成会社等や無国籍共同支配会社等の個社単位で行うこととされています。

また、実質ベース所得除外額の控除が認められない、デミニマス除外が認められない、などといった点においても大きな違いが見られますが、それ以外は、QDMTT額の控除が認められることなども含め、通常の構成会社等に係るグループGMT額の算定と概ね同様の計算をすることとされています（法法82の2②四～六・④四～六）。

国際最低課税額の計算：ステップ④ 会社等別国際最低課税額の計算

1　概要

これまでに説明した計算規定に基づいて算定されたグループGMT額は、基本的に、特定MNEグループ等がその所在地国について負担すべきトップアップ税額の基礎となるものであり、それを最終親会社等などの所在する国において適切にそれらに対して課税するためには、当該国に所在する各構成会社等に帰属すべきGMT額を算定する必要があります。

そこで、まずは、グループGMT額のうち、特定MNEグループ等に属する構成会社等の個別計算所得金額に応じて、その構成会社等に帰属する金額として一定の計算をした金額を「会社等別GMT額」として算定することとされています。

2　計算方法

「会社等別 GMT 額」は、当該国に所在する各構成会社等に帰属すべき GMT 額として計算されるものであり、その所在地国におけるグループ GMT 額として計算された金額を、各構成会社等の個別計算所得金額などに応じて配賦することとされています。

そのため、ある構成会社等に係る「会社等別 GMT 額」は、

①　その所在地国に関して対応する「グループ GMT 額」の金額（当期国別 GMT 額など）に、

②　会社等別 GMT 額を求めようとする「構成会社等」の「個別計算所得金額」を分子、その所在地国に所在する「全ての構成会社等」の「個別計算所得金額の合計額」を分母とする割合（以下「当該構成会社等に係る割合」といいます。）

を乗じて計算することで求められます。

そして、構成会社等に係る「会社等別 GMT 額」は、グループ GMT 額の計算方法（102頁参照）のときと同様、構成会社等の所在地国における「国別グループ純所得の金額」と「国別実効税率」の状況に応じて計算することとなっており、以下の表でそれぞれ該当する加算項目と減算項目に基づいて算定することとされています（法法82の２①、法令155の36①一～三）。

例えば、ある構成会社等の所在地国における国別グループ純所得の金額が「あり」、その国別実効税率が「15％未満」である場合の当該構成会社等の会社等別 GMT 額は、①（その所在地国の当期国別 GMT 額×当該構成会社等に係る割合）＋②（その所在地国の再計算国別 GMT 額×当該構成会社等に係る割合）＋③株主等別未分配額－⑤その所在地国の QDMTT 額によって計算されます。

会社等別 GMT 額の計算方法

	国別グループ純所得		あり		なし
	対応するグループGMT額の各項目 ＼ 国別実効税率		15%未満	15%以上	（すべての場合）
加算項目	① 当期国別GMT額	その所在地国の当期国別GMT額 × 当該構成会社等に係る割合	○		
加算項目	② 再計算国別GMT額	その所在地国の再計算国別GMT額 × 当該構成会社等に係る割合	○	○	○（注3）
加算項目	③ 未分配所得GMT額	株主等別未分配額（注1）	○	○	○
加算項目	④ 永久差異調整国別GMT額	その所在地国の永久差異調整国別GMT額 × 当該構成会社等に係る割合			○（注4）
減算項目	⑤ QDMTT額	その所在地国のQDMTT額（注2）	○	○	○

（注１）　対象株主等に係る株主等別未分配額ごとに計算した金額の合計額をいいます。

（注２）　各加算項目のグループ GMT 額の金額に相当する金額に対して課される部分に限ります。

（注３）　この場合、当該構成会社等に係る割合については、分子・分母ともに、過去対象会計年度に係る再計算個別計算所得金額を用いて計算することとされています。

（注４）　この場合、当該構成会社等に係る割合については、「その構成会社等（＊）の調整後対象租税額が特定調整後対象租税額（＊＊）を下回る部分の金額」を分子、「その所在地国に所在する全ての構成会社等（＊）の調整後対象租税額が特定調整後対象租税額（＊＊）を下回る部分の金額の合計額」を分母とする割合を用いて計算することとされています。

（＊）　調整後対象租税額が零を下回り、かつ、調整後対象租税額が特定調整後対象租税額を下回るものに限ります。

（＊＊）　個別計算所得等の金額に基準税率を乗じて計算した金額のことをいいます。

国際最低課税額の計算：ステップ⑤ 国際最低課税額の計算

1　概要

最終的に、GMT法人税として課されることとなる「GMT額」は、これまでの説明に基づいて算出した「会社等別GMT額」のうち、その帰属割合に応じて内国法人として負担すべき金額をそれぞれ計算し、それらを合算することで導かれます。

すなわち、「GMT額」とは、特定MNEグループ等に属する構成会社等である内国法人の各対象会計年度に係るその特定MNEグループ等の「グループGMT額」のうち、その特定MNEグループ等に属する構成会社等（注）又はその特定MNEグループ等に係る共同支配会社等（注）の個別計算所得に応じてそれらに帰属する「会社等別GMT額」について、構成会社等又は共同支配会社等の区分に応じ、それぞれ計算した金額を合計した金額をいうものとされています（法法82の2①）。

（注）　いずれも、その所在地国が我が国であるものを除きます。

以下では、恒久的施設等に該当しない構成会社等の場合のGMT額の考え方を中心に説明します。

2 基本的な考え方

どの内国法人に対していくらのGMT額が課税されるかは、その内国法人が特定MNEグループ等において、どのような地位にあるかによって定まります。

そして、このことはGloBEルールにおいて、可能な限りIIRを導入している国でトップアップ課税を実施すべきであるとされていることから、各国のIIRの導入状況によっても左右されます。

まず、GloBEルールの所得合算ルール（IIR）においては、各構成事業体（各構成会社等）に配分されたトップアップ税額（会社等別GMT額）については、一義的には多国籍企業グループの頂点に位置する最終親事業体（最終親会社等）に対して、その所在地国が課税することとされています。そのため、内国法人が、特定MNEグループ等の「最終親会社等」に該当する場合には、ある構成会社等に係る会社等別GMT額について、その帰属割合に応じてGMT額が生じ、我が国において課税されることとなります。

しかし、最終親事業体の所在地国がIIRを導入していない場合には、下位の親事業体である中間親事業体（中間親会社等）に対して、その所在地国が課税することとされています（いわゆる「トップダウン・アプローチ」）。そのため、内国法人が特定MNEグループ等の「中間親会社等」に該当する場合であって、その最終親会社等の所在地国においてIIRが導入されていない場合には、当該内国法人に対しても同様にその帰属割合に応じてGMT額が生じ、我が国において課税されることとなります。

また、IIR においては、親事業体が負担するトップアップ税額（会社等別 GMT 額）は、その構成事業体に対する持分に基づく帰属割合に応じて決定されることとされていますが、最終親事業体（仮にＵ社とします。）と GMT 額のある構成事業体（仮にＳ社とします。）との間に存在する別の構成事業体（仮にＰ社とします。）が、その持分をグループ外の者（仮にＸ社とします。）に保有されているような事例においては、例えば、Ｘ社の所在地国が IIR を導入していない場合には、Ｓ社に係る GMT 額の一部が IIR による課税を受けない状況が生じ得ます。そのため、最終親事業体（Ｕ社）と GMT 額のある構成事業体（Ｓ社）との間に、グループ外の者に20％超の持分を保有されている構成事業体（Ｐ社）が介在している場合には、そのような構成事業体を被部分保有親事業体（被部分保有親会社等）と整理した上で、これに対して、その所在地国による IIR 課税を優先して適用することとされています（いわゆる「スプリット・オーナーシップ・ルール」）。

そのため、内国法人がこのような「被部分保有親会社等」に該当する場合には、その最終親会社等が我が国に所在する場合であっても、会社等別 GMT が生じている構成会社等に対する帰属割合に応じて当該内国法人において GMT 額が生じ、我が国において課税されることとなります。

3　計算方法

GMT 額は、原則として、軽課税国に所在する構成会社等や共同支配会社等に係る「会社等別 GMT 額」に「帰属割合」(148頁の**「重要事項解説」**を参照) を乗じて計算した金額を合計した金額となりますが、その計算方法については、納税義務者となる内国法人が「最終親会社等」、「中間親会社等」、「被部分保有親会社等」のいずれであるかによって (41頁以下参照)、考え方が異なります。

以下、内国法人の類型ごとに説明をしますが、具体的な取扱いに関しては、**「第 4 部　事例解説」**の各事例 (181頁以下) もご参照下さい。

(1)　最終親会社等

最終親会社等である内国法人が納税義務者となる場合、原則として、会社等別 GMT 額に帰属割合を乗じて計算した金額が GMT 額の合計対象となります (法法82の 2 ①一イ)。

しかし、最終親会社等である内国法人と軽課税国に所在する構成会社等や共同支配会社等との間に、中間親会社等や被部分保有親会社等が介在している場合には、

①　会社等別 GMT 額に帰属割合を乗じて計算した金額から、

②　そのような中間親会社等や被部分保有親会社等に帰せられる部分の金額

を控除した残額が、最終親会社等である内国法人の GMT 額の合計対象となります (法法82の 2 ①一ロ)。

(2)　中間親会社等

中間親会社等である内国法人は、その最終親会社等が会社等別GMT額に係るGMT法人税（又は外国におけるそれに相当する税）の課税を受けている場合には、GMT法人税の課税標準となるGMT額が発生しません（法法82の２①一イ括弧書き）。

他方で、最終親会社等の所在地国においてIIRが導入されていない等の理由により、その最終親会社等が会社等別GMT額に係るGMT法人税に相当する税の課税を受けていない場合には、会社等別GMT額に帰属割合を乗じて計算した金額がGMT額の合計対象となります（法法82の２①一イ）。

しかし、中間親会社等である内国法人と軽課税国に所在する構成会社等や共同支配会社等との間に、他の中間親会社等や被部分保有親会社等が介在している場合には、

①　会社等別GMT額に帰属割合を乗じて計算した金額から、

②　そのような他の中間親会社や被部分保有親会社等に帰せられる部分の金額

を控除した残額が、中間親会社等である内国法人のGMT額の合計対象となります（法法82の２①一ロ）。

(3)　被部分保有親会社等

被部分保有親会社等である内国法人は、その被部分保有親会社等の持分の全部を直接又は間接に保有する他の被部分保有親会社等が

会社等別GMT額に係るGMT法人税（又は外国におけるそれに相当する税）の課税を受けている場合には、GMT法人税の課税標準となるGMT額が発生しません（法法82の2①一イ括弧書き）。

他方で、そのような他の被部分保有親会社等が存在しない場合には、会社等別GMT額に帰属割合を乗じて計算した金額がGMT額の合計対象となります（法法82の2①一イ）。

しかし、被部分保有親会社等である内国法人と軽課税国に所在する構成会社等や共同支配会社等との間に、中間親会社等や他の被部分保有親会社等が介在している場合には、

① 会社等別GMT額に帰属割合を乗じて計算した金額から、

② そのような中間親会社や他の被部分保有親会社等に帰せられる部分の金額

を控除した残額が、被部分保有親会社等である内国法人のGMT額の合計対象となります（法法82の2①一ロ）。

重要事項解説

1　帰属割合

帰属割合とは、

①　会社等別GMT額（トップアップ税額）が生じている構成会社等（又は共同支配会社等）の個別計算所得金額のうちGMT法人税の納税義務を負う内国法人が直接又は間接に有するその構成会社等（又は共同支配会社等）に対する持分に帰せられる金額が、

②　その個別計算所得金額に占める割合

のことをいいます（法令155の37②）。

基本的には、連結財務諸表における親会社株主に帰属する当期純利益の計算の仕組みを用いて計算することとされています。

課税標準及び申告・納付等

1　課税標準、税額の計算

GMT法人税やその基となったIIRのコンセプトは、最低税率に至るまでの不足分に対するトップアップ課税であることから、GMT法人税は、同じ法人税法に規定されている「法人税」ではありますが、「各事業年度の所得に対する法人税」(いわゆる「法人所得税」) とは性質が異なります。

GMT法人税の課税標準はGMT額そのものであり、いわゆる法人所得税のように内国法人やその構成会社等・共同支配会社等の所得金額が課税標準となるわけではありません。また、GMT額は、これまでの章で見てきたように、実効税率と最低税率の差を実質的な意味での税率（トップアップ税率）として考慮し計算されたグローバル・ミニマム税額であることから、そもそもGMT額自体がGMT法人税の税額であるといえます。

しかし、日本では、グローバル・ミニマム課税について、現行の法人税と地方法人税（地方交付税の財源を確保するための国税の一種）の比率を参考に、その100分の90.7を法人税として、残り（100分の9.3）を地方法人税として課税することとされました。

そのため、GMT 額に税率（100分の90.7（90.7％））を乗じた金額を「各対象会計年度の国際最低課税額に対する法人税」（GMT 法人税）として法人税法で課税し（法法82の５）、その額、すなわち特定基準法人税額（地法法６②）を課税標準とし、それに税率（907分の93）を乗じて計算した金額を、「特定基準法人税額に対する地方法人税」（156頁の**「重要事項解説」**参照）として地方法人税法で課税することとされています（地法法24の２、24の３）。

このように、GMT 法人税における「税率」は、いわゆる「法人所得税」における「税率」とは意味合いが異なる点に注意が必要です。

なお、グローバル・ミニマム課税は、その課税対象と地方公共団体との行政サービスとの応益性がないと考えられているため、地方税である法人住民税・法人事業税による課税は行われません。

2 国際最低課税額に係る確定申告

GMT法人税に関する確定申告は、原則として、各対象会計年度終了の日の翌日から1年3月以内に、税務署長に対し、次の事項を記載した申告書「国際最低課税額確定申告書」(以下「GMT確定申告書」といいます。)(法規別表二十)を提出することにより行うこととされています(法法82の6①、法規38の46)。

① 課税標準国際最低課税額

② 法人税の額

③ 計算の基礎

④ 特定MNEグループ等に属する構成会社等である内国法人の名称、納税地及び法人番号並びにその納税地と本店又は主たる事務所の所在地とが異なる場合には、その本店又は主たる事務所の所在地

⑤ 代表者の氏名

⑥ その対象会計年度の開始及び終了の日

⑦ その他参考となるべき事項

しかし、GMT法人税の金額がない場合は、GMT確定申告書を提出する必要はありません(法法82の6①ただし書き)。

また、GMT確定申告書の提出にあたっては、次に掲げるものを添付しなければならないとされています(法法82の6③、法規38の47)。

① 最終親会社等に係る連結財務諸表

② 共同支配親会社等の連結財務諸表

③ ①及び②の連結財務諸表に表示すべき事項の修正の内容

④ ①及び②に掲げるものに係る勘定科目内訳明細書

⑤ その他参考となるべき事項を記載した書類

なお、GMT 確定申告書を最初に提出すべき場合は、その提出期限が、対象会計年度終了の日の翌日から１年６月以内に延長されています（法法82の６②）。また、GMT 確定申告書の提出期限が令和８年６月30日前である場合には、その提出期限は同日とする特例も設けられています（令５改正法附則14の２）。

3　電子情報処理組織による申告

特定法人（資本金の額又は出資の額が１億円を超える法人、相互会社、投資法人、特定目的会社）である内国法人は、各対象会計年度のGMT確定申告書を電子情報処理組織を使用する方法（e-Tax）により行わなくてはならないとされており、電子署名を行い、その電子署名に係る電子証明書を併せて送信すること又は識別符号及び暗証番号を入力して申告することが求められています（法法82の７）。

なお、電気通信回線の故障、災害その他の理由により電子情報処理組織を使用することが困難と認められる場合（税務署長の承認を受けなくてはならない）には、書面による納税申告書の提出が可能とされています（法法82の８）。

4　国際最低課税額の確定申告による納付

GMT 確定申告書を提出した内国法人は、その申告書の提出期限までに、当該対象会計年度の GMT 法人税を納付しなくてはならないとされています（法法82の９）。

5　更正

税務当局がGMT法人税の課税標準を更正する場合には、その更正に係る更正通知書にその更正の理由を付記しなくてはならないとされています（法法130②）。

これは、GMT法人税の計算の基礎となるのは基本的に納税義務者ではない他の会社等（構成会社等又は共同支配会社等）の帳簿書類に記載される事項であることから、更正に当たっては慎重な手続きが必要であると考えられたためです。

また、同様の趣旨から、推計による更正の対象外とされるとともに（法法131）、調査に際してその備え付けられた帳簿書類を検査するものとする措置の対象外とされています（法法150の2②）。

6　適用関係

本税制は、内国法人の令和6年4月1日以後に開始する対象会計年度のGMT法人税について適用されることとなります（令5改正法附則11）。

重要事項解説

1　特定基準法人税額に対する地方法人税

法人税法におけるGMT法人税の創設に伴い、地方法人税法においても新たな地方法人税として、「特定基準法人税額に対する地方法人税」が創設されました。地方法人税は法人税の附加税であり、名前が紛らわしいですが、地方交付税の財源を確保するための国税の一種です。

特定基準法人税額に対する地方法人税では、GMT法人税の額、すなわち特定基準法人税額（地法法6②）を課税標準とし、それに税率（907分の93）を乗じて計算した金額が課税されることとなっており、特定基準法人税額に係る地方法人税の確定申告についても、GMT法人税に係る確定申告と同様に、原則として、各課税対象会計年度終了の日の翌日から1年3月以内に、税務署長に対し、電子情報処理組織（e-Tax）に記載した申告書を提出しなければならないこととされています（地法法24の4①、地法規7の2）。

第３部

「特定多国籍企業グループ等報告事項等」の提供制度の概要

I 特定多国籍企業グループ等報告事項等とは

先述したように、GloBE ルールの導入に際しては、その円滑な実施のために、対象となる多国籍企業グループからさまざまな情報が当局に提供される必要があることから、納税申告書の提出とは別に、「GloBE 情報申告」（GIR）という情報提供制度が設けられています。

我が国でも、令和５年度税制改正において、IIR の国内法制化として GMT 法人税が創設されたことに伴い、GIR の国内法制化として「特定多国籍企業グループ等報告事項等」（特定 MNE グループ等報告事項等）の提供制度が創設されました。

具体的には、その提供義務を負う内国法人は、特定 MNE グループ等の各対象事業年度に係る特定 MNE グループ等報告事項等を、原則として各対象事業年度終了の日の翌日から１年３月以内に、電子情報処理組織を使用する方法により、その内国法人の納税地の所轄税務署長に提出しなくてはならないこととされています（法法150の３①)。この報告書は英語により行わなければなりません（法規68④)。

また、GMT 確定申告書の提出は、GMT 法人税の金額がない場合は不要となりますが、特定 MNE グループ等報告事項等の提供は、

GMT 法人税の金額がない場合であっても、原則として必要とされています。

さらに、GMT 法人税の計算に関する各種の特例を適用しようとする場合には、特定 MNE グループ等報告事項等の提供に際して、その旨の記載をすることが要件とされている点にも注意が必要です。

報告事項

特定MNEグループ等報告事項等の提供制度においては、本税制の適切な執行に必要な情報として、

① 提供義務者の区分に応じて定まる報告事項、
② GMT法人税において適用を受けようとする特例等に関する事項、
③ GMT法人税において適用を受けることをやめようとする特例等に関する事項

を提供しなければならないこととされています。

具体的な報告事項等は、それぞれ以下のとおりとなっています。

1　提供義務者の区分に応じて定まる報告事項

特定 MNE グループ等報告事項等の提供制度においてメインとなる報告事項は、大きく分けて「特定 MNE グループ等に関する基本情報」と「グループ GMT 額に関する詳細情報」に分かれており、これらは提供義務者の区分に応じて報告事項の範囲が異なります（法法150の３①一）。

すなわち、提供義務者となる内国法人が最終親会社等である場合には、「特定 MNE グループ等に関する基本情報」だけでなく、「グループ GMT 額に関する詳細情報」についても提供する必要がありますが、提供義務者となる内国法人が一定の中間親会社等又は被部分保有親会社等である場合には、「特定 MNE グループ等に関する基本情報」のほかに提供が必要となるのは「グループ GMT 額に関する詳細情報」のうち当該内国法人の GMT 額の計算に必要な部分に関する事項に限られるものとされています。

他方で、これら以外の内国法人については、「特定 MNE グループ等に関する基本情報」のみを提供するものとされています。

具体的には、以下のとおりです。

(1)　**特定 MNE グループ等に関する基本情報**（全ての内国法人に共通）（法規68⑤）

一　特定 MNE グループ等の最終親会社等に係る次に掲げる事項

イ　最終親会社等の所在地国の名称

ロ　最終親会社等の名称及び納税者番号

ハ　最終親会社等の類型

二　特定MNEグループ等に属する構成会社等又は特定MNE企業グループ等に係る共同支配会社等に係る次に掲げる事項

イ　構成会社等又は共同支配会社等の所在地国の名称

ロ　構成会社等又は共同支配会社等の名称、納税者番号及び類型

ハ　構成会社等又は共同支配会社等の所有持分を直接又は間接に有する会社等の類型及び当該会社等の当該所有持分の保有の状況

ニ　イからハまでに掲げる事項について参考となるべき事項

三　特定MNEグループ等に属する除外会社等の名称及び類型

四　特定MNEグループ等に属する構成会社等又は特定MNEグループ等に係る共同支配会社等の所在地国ごとの次に掲げる事項

イ　国別実効税率の水準

ロ　構成会社等に係るグループGMT額又は共同支配会社等に係るグループGMT額の水準

五　その他参考となるべき事項

⑵　**グループGMT額に関する詳細情報**（最終親会社等である内国法人の場合）（法規68⑥一）

イ　特定MNEグループ等に属する構成会社等又は当該特定MNEグループ等に係る共同支配会社等の所在地国ごとの国別実効税率及びその計算の基礎となる次に掲げる事項

①　国別グループ純所得の金額

②　国別調整後対象租税額

③　①及び②に掲げる金額の計算の基礎となるべき事項

ロ　特定MNEグループ等に属する無国籍構成会社等又は当該特定MNEグループ等に係る無国籍共同支配会社等ごとの無国籍構成会社等実効税率又は無国籍共同支配会社等実効税率及びその計算の基礎となる次に掲げる事項

①　個別計算所得等の金額

②　調整後対象租税額

③　①及び②に掲げる金額の計算の基礎となるべき事項

ハ　特定MNEグループ等に属する構成会社等又は当該特定MNEグループ等に係る共同支配会社等の所在地国ごとの構成会社等に係るグループGMT額又は共同支配会社等に係るグループGMT額及びその計算の基礎となる次に掲げる事項

①　国別グループ純所得の金額から実質ベース所得除外額を控除した残額

②　トップアップ税率の割合

③　再計算国別GMT額

④　QDMTT額

⑤　①から③までに掲げる事項の計算の基礎となるべき事項

ニ　特定MNEグループ等に属する無国籍構成会社等又は当該特定MNEグループ等に係る無国籍共同支配会社等ごとの構成会社等に係るグループGMT額又は共同支配会社等に係るグループGMT額及びその計算の基礎となる次に掲げる事項

①　個別計算所得等の金額

②　トップアップ税率の割合

③　再計算国別 GMT 額

④　QDMTT 額

⑤　①から③までに掲げる事項の計算の基礎となるべき事項

ホ　特定 MNE グループ等の親会社等が有する構成会社等又は共同支配会社等に係る GMT 額及びその計算の基礎となる次に掲げる事項

①　当該構成会社等又は共同支配会社等の会社等別 GMT 額

②　当該親会社等の当該構成会社等又は共同支配会社等に係る帰属割合

③　①及び②に掲げる事項の計算の基礎となるべき事項

へ　その他参考となるべき事項

⑶　**グループ GMT 額に関する詳細情報**（一定の中間親会社等又は被部分保有親会社等である内国法人の場合）（法規68⑥二）

上記⑵に掲げる各事項のうち、当該中間親会社等又は被部分保有親会社等の GMT 額の計算に必要な部分に関する事項

また、内国法人が指定提供内国法人（注）である場合には、次に掲げる場合の区分に応じて、それぞれ次に定める事項の報告が追加で必要となります（法規68⑥三）。

イ　財務大臣と特定 MNE グループ等の最終親会社等の所在地国の権限ある当局との間に適格当局間合意がある場合

上記⑵に掲げる各事項

ロ　イに掲げる場合以外の場合

① 上記(2)に掲げる各事項のうち、当該指定提供内国法人のGMT額の計算に必要な部分に関する事項

② 上記(2)に掲げる各事項のうち、財務大臣と適格当局間合意がある権限ある当局の国又は地域における当該特定MNEグループ等のGMT額の計算に必要な部分に関する事項に相当する事項

(注)「指定提供内国法人」とは、特定MNEグループ等の最終親会社等以外のいずれか一の構成会社等である内国法人で、当該MNEグループ等に係る特定MNEグループ等報告事項等を当該内国法人の納税地の所轄税務署長に提供するものとして当該最終親会社等が指定したものをいいます。

2　適用を受けようとする特例等に関する事項

GMT 法人税において次の特例等の適用を受けようとする場合には、その旨を特定 MNE グループ等報告事項等において提供する必要があります（法法150の３①二、法令212①、法規68⑧)。

① QDMTT セーフ・ハーバー（法法82の２⑥）

② デミニマス除外（法法82の２⑦）

③ 連結除外構成会社等に係るセーフ・ハーバー（法法82の２⑧）

④ 実質ベース所得除外額の特例（法法82の２⑪）

⑤ 永久差異調整国別 GMT 額に係る特例（法法82の２⑫）

⑥ 除外会社等に関する特例（法法82の３①）

⑦ 移行期間 CbCR セーフ・ハーバー（令５改正法附則14①③）

⑧ 各種投資会社等に係る当期純損益金額の特例（法令155の17①）

⑨ 連結等納税規定の適用がある場合の個別計算所得等の金額の計算の特例（法令155の20①）

⑩ 株式報酬費用額に係る個別計算所得等の金額の計算の特例（法令155の23①）

⑪ 資産等の時価評価損益に係る個別計算所得等の金額の計算の特例（法令155の24①）

⑫ 除外資本損益に係る個別計算所得等の金額の計算の特例（法令155の24の２①）

⑬ 一定のヘッジ処理に係る個別計算所得等の金額の計算の特例

（法令155の26①）

⑭　一定の利益の配当に係る個別計算所得等の金額の計算の特例（法令155の27①）

⑮　債務免除等を受けた場合の個別計算所得等の金額の計算の特例（法令155の28①）

⑯　資産等の時価評価課税が行われた場合の個別計算所得等の金額の計算の特例（法令155の29①）

⑰　各種投資会社等に係る個別計算所得等の金額の計算の特例（法令155の31①）

⑱　調整後対象租税額の計算の特例（法令155の35④）

⑲　不動産の譲渡に係る再計算国別 GMT 額の特例（法令155の41①）

⑳　無国籍構成会社等に係る再計算 GMT 額の特例（法令155の44④）

㉑　共同支配会社等に係る再計算国別 GMT 額の特例（法令155の48②）

㉒　無国籍共同支配会社等に係る再計算 GMT 額の特例（法令155の51②）

㉓　収入金額等に関する適用免除基準（法令155の55③⑤⑥）

㉔　調整後対象租税額の計算の特例（法規38の28④）

㉕　みなし繰延税金資産相当額がある場合における国別調整後対象租税額等の計算の特例（法規38の40①）

㉖　適格分配時課税制度を有する所在地国に係る国別調整後対象租税額等の計算の特例（法規38の41①）

3　適用を受けることをやめようとする特例等に関する報告事項

GMT法人税において次の特例等の適用を受けることをやめようとする場合には、その旨を特定MNEグループ等報告事項等において提供する必要があります（法法150の3①三、法令212②、法規68⑨）。

① 除外会社等に関する特例（法法82の3①）

② 各種投資会社等に係る当期純損益金額の特例（法令155の17①）

③ 連結等納税規定の適用がある場合の個別計算所得等の金額の計算の特例（法令155の20①）

④ 株式報酬費用額に係る個別計算所得等金額の計算の特例（法令155の23①）

⑤ 資産等の時価評価損益に係る個別計算所得等の金額の計算の特例（法令155の24①）

⑥ 除外資本損益に係る個別計算所得等の金額の計算の特例（法令155の24の2①）

⑦ 一定のヘッジ処理に係る個別計算所得等の金額の計算の特例（法令155の26①）

⑧ 一定の利益の配当に係る個別計算所得等の金額の計算の特例（法令155の27①）

⑨ 各種投資会社等に係る個別計算所得等の金額の計算の特例（法令155の31①）

⑩　みなし繰延税金資産相当額がある場合における国別調整後対象租税額等の計算の特例（法規38の40①）

提供義務者

特定MNEグループ等報告事項等は、原則として、特定MNEグループ等に属する構成会社等である内国法人が提供義務を負うものとされています（法法150の３①）。

しかし、提供義務のある内国法人が複数ある場合であって、そのいずれかの法人が「代表して特定MNEグループ等報告事項等を提供する法人に関する情報」（代表して提供する法人等の情報）（法規68⑩）を提供したときは、その法人以外の法人は、特定MNEグループ等報告事項等を提供する義務を負わないものとされています（法法150の３②）。

なお、「代表して提供する法人等の情報」の提供期限は、各対象会計年度終了の日の翌日から１年３月以内とされていますが、最初に特定MNEグループ等報告事項等を提供しなければならないこととされる場合には、対象会計年度終了の日の翌日から１年６月以内に延長されています（法法150の３⑥）。また、その提供期限が令和８年６月30日前である場合には、その提供期限は同日とする特例も設けられています（令５改正法附則16③）。

提供義務者のイメージ

【原則（各構成会社等による提供）】

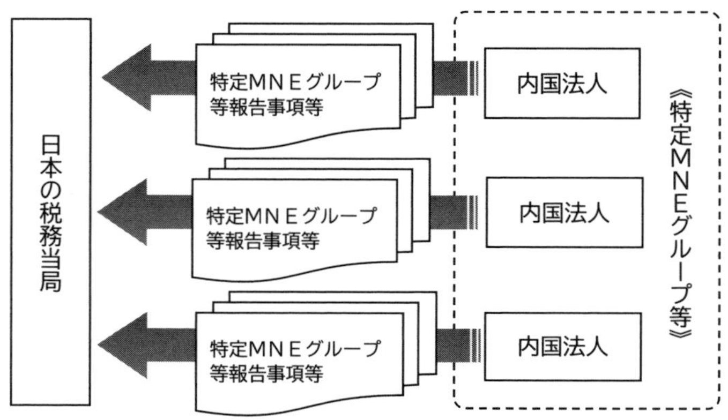

【提供義務者が複数ある場合の特例】

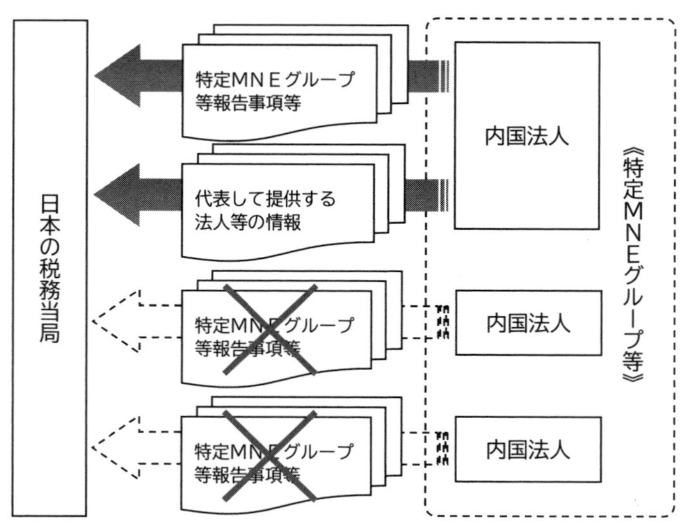

（出典：『令和５年度　税制改正の解説』財務省 HP、965頁の図に基づき作成。）

提供期限

特定MNEグループ等報告事項等は、原則として、各対象会計年度終了の日の翌日から１年３月以内に、電子情報処理組織を使用する方法（e-Tax）により、その内国法人の納税地の所轄税務署長に提供しなければなりません（法法150の３①）。

ただし、最初に特定MNEグループ等報告事項等を提供しなければならないこととされる場合は、その提供期限が、対象会計年度終了の日の翌日から１年６月以内に延長されています（法法150の３⑥）。

また、特定MNEグループ等報告事項等の提供期限が令和８年６月30日前である場合には、その提供期限は同日とする特例も設けられています（令５改正法附則16③）。

提供義務の免除

1　概要

この特定MNEグループ等報告事項等の提供義務は、次のいずれにも該当する場合には、特定MNEグループ等に属する構成会社等である内国法人においては免除されることとされています（法法150の3③、法令212③）。

① 各対象会計年度終了の日の翌日から1年3月以内（初回など一定の場合には1年6月以内）に、最終親会社等（指定提供会社等を指定した場合には、指定提供会社等）の所在地国の税務当局にその各対象会計年度に係る特定MNEグループ等報告事項等に相当する事項の提供がある場合

② 財務大臣と特定MNEグループ等の最終親会社等の所在地国の権限ある当局との間の適格当局間合意がある場合

適格当局間合意がある場合のイメージ

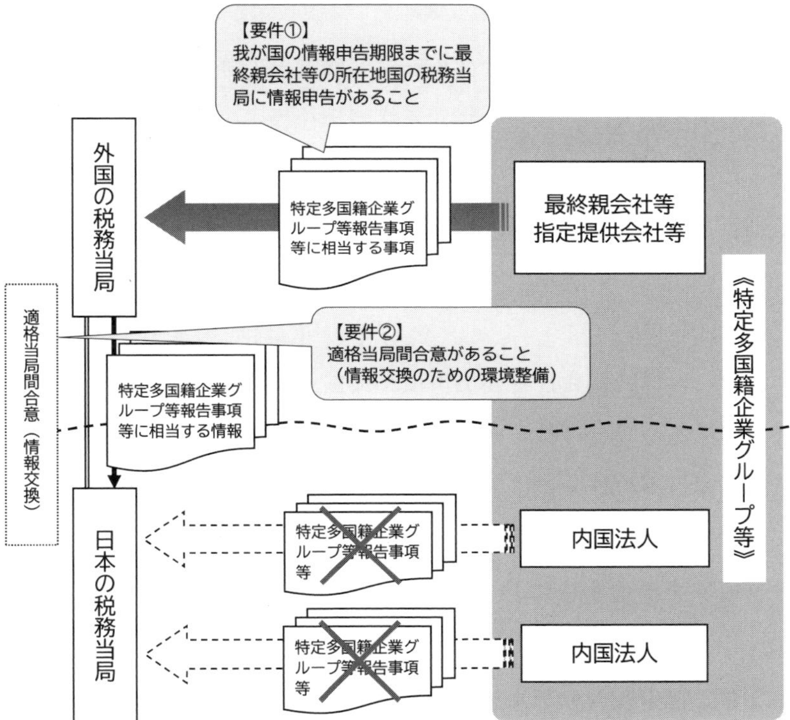

（出典：『令和５年度　税制改正の解説』財務省 HP、966頁の図に基づき作成。）

2　最終親会社等届出事項の提供

前記のように特定MNEグループ等報告事項等の提供義務が免除された内国法人は、代わりに「最終親会社等届出事項」の提供を行うこととされており、その各対象会計年度終了の日の翌日から1年3月以内に、電子情報処理組織を使用する方法（e-Tax）により、その内国法人の納税地の所轄税務署長に提供しなければなりません（法法150の3④）。

ただし、最終親会社等届出事項を提供しなければならない内国法人が複数ある場合には、その内国法人のうちいずれか一の法人が代表して報告事項等を提供する法人の名称その他の事項をその一の法人の所轄税務署長に提供したときは、代表する法人以外の法人は報告事項等を提供することを要しないとされています（法法150の3⑤）。

なお、特定MNEグループ等が最初に「最終親会社等届出事項」を提供しなければならないこととされる場合には、対象会計年度終了の日の翌日から1年6月以内に延長されています（法法150の3⑥）。

また、その提供期限が令和8年6月30日前である場合には、その提供期限は同日とする特例が設けられています（令5改正法附則16③）。

適用関係（施行時期）

本制度に関しては、内国法人の令和６年４月１日以後に開始する対象会計年度に係る特定 MNE グループ等報告事項等について適用することとされています（令５改正法附則16①）。

国別報告事項との相違点

国別報告事項とは、BEPS最終報告書の行動13「多国籍企業情報の文書化」において導入されたCountry by Country Report（CbCR）のことであり、我が国においては、移転価格税制に係る文書化制度の改正（平成28年度税制改正）に伴い導入された文書の一つである「特定多国籍企業グループに係る国別報告事項」を指します。

GIRの国内制度としての特定MNEグループ等報告事項等とCbCRの国内制度としての国別報告事項は、目的を異にするものの、報告事項や税務当局への提供方法について、いくつか似た点が見られます。

以下では、両者の対比的な検討により、その特徴を確認します。

比較表

	特定 MNE グループ等報告事項等	国別報告事項
国内法における正式名称	特定多国籍企業グループ等報告事項等	特定多国籍企業グループに係る国別報告事項
元になっているOECDの制度	GIR（GloBE Information Return）	CbCR（Country-by-Country Report）
対象	特定 MNE グループ等（＝各対象会計年度の直前の4対象会計年度のうち2以上の対象会計年度における総収入金額が7億5000万ユーロ以上の MNE グループ等）	特定多国籍企業グループ（＝直前会計年度の連結総収入金額が1000億円以上の多国籍企業グループ）
提供義務者	特定 MNE グループ等に属する構成会社等である内国法人 （ただし、複数の提供義務者があり、そのいずれかの法人が「代表して提供する法人等の情報」を提供した場合には、それ以外の法人は提供義務を負わない）	《条約方式》 ・特定多国籍企業グループの最終親会社等である内国法人 《子会社方式》 ・特定多国籍企業グループの（最終親会社等でない）構成会社等である内国法人 ・恒久的施設を有する外国法人
報告項目	(1)　提供義務者の区分に応じて定まる報告事項 ①　特定 MNE グループ等に関する基本事項（全ての内国法人に共通） ②　グループ GMT 額に関する詳細事項（最終親会社等である内国法人の場合と一定の中間親会社等又は被部分保有親会社等である内国法人の場合によって項目が異なる） (2)　GMT 法人税における各種規定の適用を受けようとする旨 (3)　GMT 法人税における各種規定の適用を受けることをやめようとする旨	国又は地域ごとの ①　収入金額、税引前当期利益の額、納付税額、発生税額、資本金の額又は出資金の額、利益剰余金の額、従業員の数及び有形資産（現金及び現金同等物を除きます。）の額 ②　構成会社等の名称、構成会社等の居住地国と本店所在地国が異なる場合のその本店所在地国（本店所在地国と設立された国又は地域が異なる場合には、設立された国又は地域）の名称及び構成会社等の主たる事業の内容 ③　上記事項について参考となるべき事項

報告様式	未定	OECD XML スキーマに基づくCSV ファイル又は XML ファイル
提供期限	各対象会計年度終了の日の翌日から1年3月以内（ただし、初回などは1年6月以内）	最終親会計年度終了の日の翌日から1年以内
言語	英語	英語
提供方法	【原則】 e-Tax 【例外】 特定 MNE グループ等の最終親会社等の所在地国の権限ある当局との間に適格当局間合意があり、当該当局に特定 MNE グループ等報告事項等に相当する事項の提供を行った場合には、日本での提供義務は免除 （ただし、代わりに最終親会社等届出事項を提供する必要がある）	【最終親会社等が日本に所在する場合】e-Tax 【最終親会社等が外国に所在する場合】 原則：条約方式（日本での提供不要） 例外：子会社方式（e-Tax）

第 4 部

事例解説

I　はじめに

本部では、いくつかの簡易な事例を用いて、いかなる場合に内国法人がGMT法人税の対象となるか、またその場合のGMT額はどのように計算されるかを、具体例に基づき解説します。

本事例解説においては、特に断りのない限り、各事例の会社は特定MNEグループ等の構成会社等であるものとし、帰属割合は各事例における会社間の所有持分の割合と一致するものとします。さらに、各事例の構成会社等の所在地国においては、当期国別GMT額を除くグループGMT額を構成する金額はないものと仮定します。

また、本事例解説中で使用される用語等の詳細については、本書第2部を適宜参照してください。

なお、本部の各設問は国税庁HP「各対象会計年度の国際最低課税額に対する法人税に関するQ&A」のQ11で紹介されている各事例を参考にしています。

【事例１】最終親会社等が内国法人である場合

【事例】

当社は日本を所在地国とする最終親会社である内国法人であり、IIR を実施しているＸ国に所在するＡ社の持分の全部を直接保有しており、Ａ社は軽課税国であるＹ国所在のＢ社の持分の全部を直接保有しています。Ｂ社の税引後当期純利益金額は2,000であり、調整項目に該当する金額はありません。またＢ社の対象租税額はＹ国における法人税額200であり、その他加算・減算項目に該当する租税額はありません。なお、Ａ社の所在するＸ国に係る当期国別 GMT 額は発生していないことを確認しています。

このような事例で当社に生じる GMT 額を教えてください。

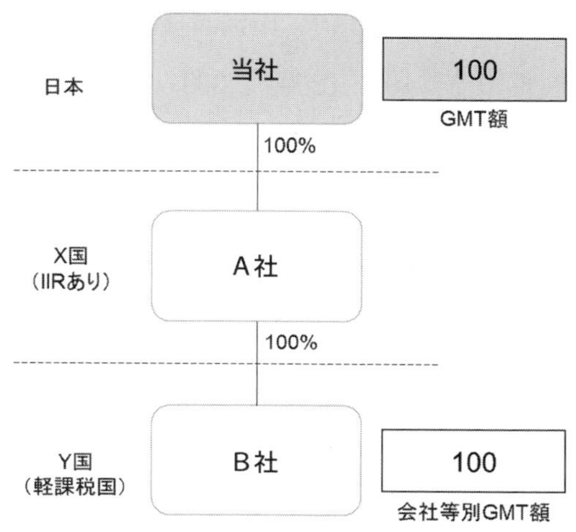

【解説】

本事例は、最終親会社である当社にGMT法人税が生じる原則的な事例です。当社は「最終親会社等」、A社は「中間親会社等」、B社は「構成会社等」に該当します。

【ステップ①：各社の所得税と租税額の計算】

Y国を所在地国とするB社については、税引後当期純利益が2,000となっており、特段の調整項目はないため、「個別計算所得等の金額」は2,000となります。また、B社の対象租税額はY国における法人税の200であり、それ以外に加算・減算項目はないため、「調整後対象租税額」は200となります。

【ステップ②：各国の実効税率の計算】

Y国にはB社以外の構成会社等は存在しないため、Y国における国別グループ純所得金額は2,000、国別調整後対象租税額は200となり、「国別実効税率」は10%（200／2,000）となり、基準税率15%を下回ることとなります。

【ステップ③：グループ GMT 額の計算】

以上に基づき、Y国における「トップアップ税率」は基準税率と国別実効税率の差分である5%となります。国別グループ純所得2,000にトップアップ税率を乗じると、Y国における「当期国別GMT額」は100となり、他のグループ GMT 額を構成する金額もないことから、Y国に係る「グループ GMT 額」も同じく100となります。

【ステップ④：会社等別 GMT 額の計算】

また、Y国を所在地国とする構成会社等はB社のみであり、グループ GMT 額のうち100%がB社の会社等別 GMT 額となるため、B社の「会社等別 GMT 額」（トップアップ税額）は100となります。

【ステップ⑤：GMT 額の計算】

当社は、特定 MNE グループの最終親会社等であるため、B社に生じている会社等別 GMT 額について GMT 額の検討を行う必要があります。

当社は、A社を通じてB社の持分を間接的に100%保有しており、その他の考慮すべき事情もないため、「帰属割合」は100%となります。したがって、B社において生じている会社等別 GMT 額の100

%である100が当社の「GMT 額」となります。

なお、中間親会社等であるA社の所在するX国においても IIR が実施されていますが、B社に係るトップアップ税額は、特定 MNE グループ等の最終親会社等である当社が我が国において GMT 法人税として課されていることから、A社がX国においてトップアップ課税を受けることにはならないものと考えられます。

すなわち、本事例のようなケースでは、A社の所在地国であるX国において IIR が実施されているか否かは、当社の GMT 額に影響を与えません。

【事例２】最終親会社等及び被部分保有親会社等が内国法人の場合

【事例】

当社は日本を所在地国とする内国法人ですが、その持分のうち70％は日本を所在地国とする最終親会社であるＡ社が、残りの30％はグループ外の内国法人が、それぞれ保有しています。

当社はIIRを実施しているＸ国を所在地国とするＢ社の持分の全部を直接保有しており、Ｂ社は軽課税国であるＹ国を所在地国とするＣ社の持分の全部を直接保有しています。

Ｃ社の税引後当期純利益金額は2,000であり、特段の調整項目はありません。また、Ｃ社の対象租税額はＹ国における法人税額200のみであり、その他加算・減算項目に該当する租税額はありません。なお、Ｂ社の所在するＸ国に係る当期国別GMT額は発生していないことを確認しています。

このような事例で当社に生じるGMT額を教えてください。

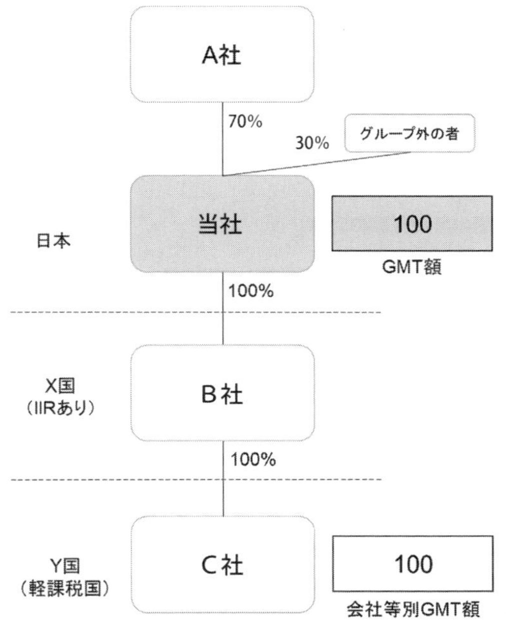

【解説】

本事例では、A社は「最終親会社等」、当社は「被部分保有親会社等」(グループ外の者による当社に対する請求権割合が30%となるため)、B社は「被部分保有親会社等」(その持分を保有する当社に対するグループ外の者による請求権割合30%にB社に対する当社の請求権割合100を乗じた割合が30%となるため)、C社は「構成会社等」に該当します。

【ステップ①:各社の所得税と租税額の計算】

Y国を所在地国とするC社については、税引後当期純利益金額が2,000となっており、特段の調整項目はないため、「個別計算所得等の金額」は2,000となります。また、C社の対象租税額はY国における法人税の200のみであり、それ以外に加算・減算項目はないため、「調整後対象租税額」は200となります。

【ステップ②：各国の実効税率の計算】

Y国にはC社以外の構成会社等は存在しないため、Y国における国別グループ純所得金額は2,000、国別調整後対象租税額は200となり、「国別実効税率」は10%（200／2,000）となり、基準税率15%を下回ることとなります。

【ステップ③：グループ GMT 額の計算】

以上に基づき、Y国における「トップアップ税率」は基準税率と国別実効税率の差分である5%となります。国別グループ純所得2,000にトップアップ税率を乗じると、Y国における「当期国別 GMT 額」は100となり、他のグループ GMT 額を構成する金額もないことから、Y国に係る「グループ GMT 額」も同じく100となります。

【ステップ④：会社等別 GMT 額の計算】

また、Y国を所在地国とする構成会社等はC社のみであり、グループ GMT 額のうち100%がC社の会社等別 GMT 額となるため、B社の「会社等別 GMT 額」（トップアップ税額）は100となります。

【ステップ⑤：GMT 額の計算】

最終親会社等であるA社は、特定 MNE グループの最終親会社等であるため、C社に発生している会社等別GMT額についてGMT額の検討が必要となります。また、被部分保有親会社等である当社は、GMT法人税（又は外国におけるこれに相当する税）を課することとされている他の被部分保有親会社等にその持分の全部を直接又は間接に所有されている場合ではないため、C社に発生している会社等別GMT額についてGMT額の検討が必要となります。

なお、B社（被部分保有親会社等）の所在地国であるX国においてもIIRが実施されていますが、B社は、GMT法人税を課されることとなる当社（被部分保有親会社等）にその持分の全部を直接に所有されているため、B社がX国においてトップアップ課税を受けることにはならないものと考えられます。

A社のC社に対する「帰属割合」は、当社によるB社を通じたC社の「間接保有割合」である100%にA社による当社に対する「直接保有割合」70%を乗じた70%となります。当社のC社に対する「帰属割合」は、当社によるB社を通じたC社の「間接保有割合」である100%となります。したがって、C社に生じた会社等別GMT額に関して、その帰属割合に応じて、A社には70の「GMT額」が、当社には100の「GMT額」がそれぞれ生じ得ることとなります。

ただし、当社に生じたGMT額のうち、A社による当社に対する70%の直接保有割合を通じてA社に帰属するC社の会社等別GMT額は、A社を最終親会社等とする特定MNEグループ等において既にトップアップ課税がなされていることとなります。そのため、「当社に帰属するC社の会社等別GMT額」100のうち、A社による当社に対する70%の直接保有割合を通じて「A社に帰属するC社の会社等別GMT額」70は、A社に生じているGMT額から控除することとなります。すなわち、当該金額はA社のC社に対する帰属割合によりA社に生じているGMT額70から控除されることとなり、A社のGMT額は0となります。

したがって、本事例では当社に、GMT額100が生じるのみとなります。

【事例３】最終親会社等が内国法人であり被部分保有親会社等が外国法人の場合

【事例】

当社は日本を所在地国とする最終親会社である内国法人であり、当社はIIRを実施しているＸ国を所在地国とするＡ社の持分の75％を直接保有しており、残りの25％はグループ外の外国法人が保有しています。Ａ社は軽課税国であるＹ国を所在地国とするＢ社の持分のうち70％を直接保有しており、残りの30％は当社が直接保有しています。Ｂ社の税引後当期純利益金額は2,000であり、特段の調整項目はありません。また、Ｂ社の対象租税額はＹ国における法人税額200のみであり、その他加算・減算項目に該当する租税額はありません。なお、Ａ社の所在するＸ国に係る当期国別GMT額は発生していないことを確認しています。

このような事例で当社に生じるGMT額を教えてください。

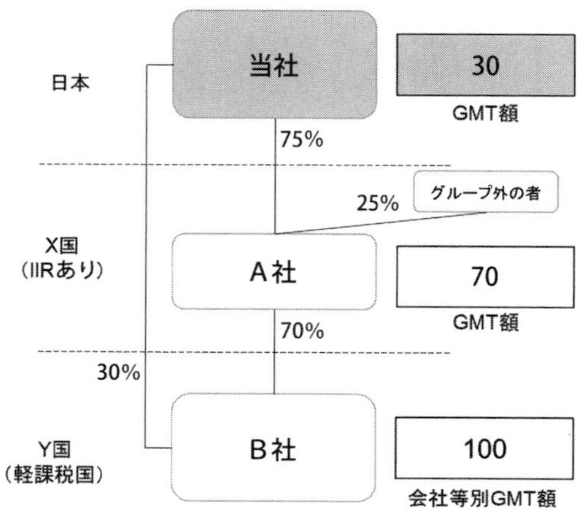

【解説】

本事例では、当社は「最終親会社等」、A社は「被部分保有親会社等」（グループ外の者によるA社に対する請求権割合が25%となるため）、B社は「構成会社等」に該当します。

【ステップ①：各社の所得税と租税額の計算】

Y国を所在地国とするB社については、税引後当期純利益が2,000となっており、特段の調整項目はないため、「個別計算所得等の金額」は2,000となります。また、B社の対象租税額はY国における法人税の200であり、それ以外に加算・減算項目はないため、「調整後対象租税額」は200となります。

【ステップ②：各国の実効税率の計算】

Y国にはB社以外の構成会社等は存在しないため、Y国における「国別グループ純所得金額」は2,000、「国別調整後対象租税額」は

200となり、「国別実効税率」は10％（200／2,000）となり、基準税率15％を下回ることとなります。

【ステップ③：グループ GMT 額の計算】

以上に基づき、Y国における「トップアップ税率」は基準税率と国別実効税率の差分である５％となります。国別グループ純所得2,000にトップアップ税率を乗じると、Y国における「当期国別GMT額」は100となり、他のグループGMT額を構成する金額もないことから、Y国に係る「グループGMT額」も同じく100となります。

【ステップ④：会社等別 GMT 額の計算】

また、Y国を所在地国とする構成会社等はB社のみであるため、グループGMT額のうち100％がB社の会社等別GMT額となるため、B社の「会社等別GMT額」（トップアップ税額）は100となります。

【ステップ⑤：GMT 額の計算】

最終親会社等である当社は、特定MNEグループの最終親会社等であるため、B社に発生している会社等別GMT額についてGMT額の検討が求められます。また、被部分保有親会社等であるA社は、GMT法人税（又は外国におけるこれに相当する税）を課することとされている他の被部分保有親会社等にその持分の全部を直接又は間接に保有されている場合ではないため、B社に発生している会社等別 GMT 額について GMT 額の検討が求められます。

当社のＢ社に対する帰属割合については、「直接保有割合」である30％に加えて、Ａ社によるＢ社に対する直接保有割合である70％のうち当社によるＡ社に対する直接保有割合である75％を乗じた52.5％が「間接保有割合」となります。したがって、当社のＢ社に対する「帰属割合」は、82.5％となります。他方、Ａ社のＢ社に対する「帰属割合」は、Ａ社によるＢ社に対する直接保有割合である70％となります。したがって、Ｂ社に生じた会社等別 GMT 額に関して、その帰属割合に応じて、当社には82.5の「GMT 額」が生じ、Ａ社には70の「GMT 額」が生じ得ることとなります。

ただし、Ａ社に生じた GMT 額のうち、当社によるＡ社に対する75％の直接保有割合を通じて当社に帰属するＢ社の会社等別 GMT 額は、当社を最終親会社等とする特定 MNE グループ等において既にトップアップ課税がなされていることとなります。

したがって、「Ａ社に帰属するＢ社の会社等別 GMT 額」70のうち、当社によるＡ社に対する75％の直接保有割合を通じて「当社に帰属するＢ社の会社等別 GMT 額」52.5は、当社に生じている GMT 額から控除することになります。すなわち、当該金額は当社のＢ社に対する帰属割合により生じている当社の GMT 額82.5から控除されることとなり、当社の GMT 額は30となります。

【事例４】最終親会社等が内国法人であり共同支配会社等を有する場合

【事例】

当社は日本を所在地国とする最終親会社である内国法人であり、当社はIIRを実施しているＸ国を所在地国とするＡ社の持分の全部を直接保有しています。Ａ社は軽課税国であるＹ国を所在地国とするＢ社の持分のうち50％を直接保有しており、残りの50％はグループ外の外国法人が保有しています。Ｂ社は、当社の特定連結財務諸表上いわゆる持分法の適用範囲に含まれています。Ｂ社の税引後当期純利益金額は2,000であり、特段の調整項目はありません。また、Ｂ社の対象租税額はＹ国における法人税額150のみであり、その他加算・減算項目に該当する租税額はありません。なお、Ａ社の所在するＸ国に係る当期国別GMT額は発生していないことを確認しています。

このような事例で当社に生じるGMT額を教えてください。

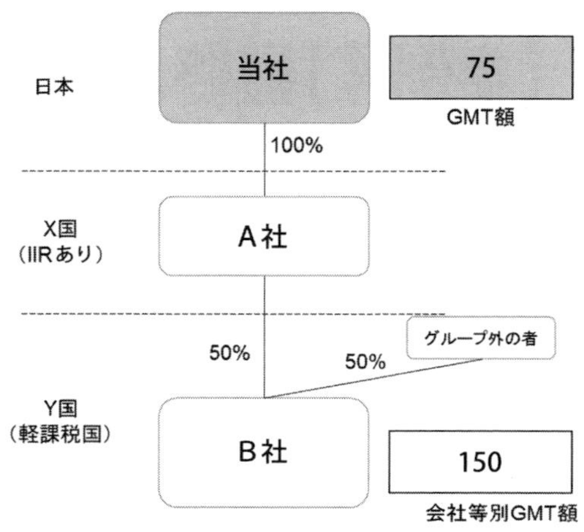

【解説】

本事例では、当社は「最終親会社等」、A社は「中間親会社等」、B社は「共同支配会社等」（最終親会社等である当社の特定連結財務諸表上いわゆる持分法の適用範囲に含まれており、最終親会社等である当社による請求権割合が50％であるため）に該当します。

【ステップ①：各社の所得税と租税額の計算】

Y国を所在地国とするB社については、税引後当期純利益が2,000となっており、特段の調整項目はないため、「個別計算所得等の金額」は2,000となります。また、B社の対象租税額はY国における法人税の150であり、それ以外に加算・減算項目はないため、「調整後対象租税額」は150となります。

【ステップ②：各国の実効税率の計算】

Y国にはB社以外の共同支配会社等は存在しないため、Y国における国別グループ純所得金額は2,000、国別調整後対象租税額は150、「国別実効税率」は7.5%（150／2,000）となり、基準税率15%を下回ることとなります。

【ステップ③：グループGMT額の計算】

以上に基づき、Ｙ国における「トップアップ税率」は基準税率と国別実効税率の差分である7.5%となります。国別グループ純所得2,000にトップアップ税率を乗じると、Ｙ国における「当期国別GMT額」は150となり、他のグループGMT額を構成する金額もないことから、Ｙ国に係る「グループGMT額」も同じく150となります。

【ステップ④：会社等別GMT額の計算】

また、Ｙ国を所在地国とする共同支配会社等はＢ社のみであり、グループGMT額のうち100%がＢ社の会社等別GMT額となるため、Ｂ社の「会社等別GMT額」（トップアップ税額）は150となります。

【ステップ⑤：GMT額の計算】

持分法の適用により最終親会社等の連結財務諸表に計上されるジョイント・ベンチャー等は、特定MNEグループの構成会社等には該当しませんが、当該最終親会社等による直接保有割合と間接保有割合の合計が50%以上である場合には原則として共同支配会社等として、最終親会社等はその帰属割合に応じて、GMT法人税を負担することとなります。したがって、共同支配会社等に係るGMT額についても、構成会社等の場合と同様に帰属割合等に基づきGMT額の検討を行うことになります。

当社は、特定MNEグループ等の最終親会社等であるため、B社に生じている会社等別GMT額についてGMT額の検討を行うことが求められます。

なお、中間親会社等であるA社の所在地国であるX国においてもIIRが実施されていますが、B社に係るトップアップ税額は、これらの会社等が属する特定MNEグループ等の最終親会社等である当社においてGMT法人税として課されることとされているため、A社がX国においてトップアップ課税を受けることにはならないものと考えられます。

当社のB社に対する「帰属割合」は、当社がA社を通じて間接に保有するB社の持分である50%となります。したがって、B社に生じた会社等別GMT額150について、その帰属割合に応じて、当社には75の「GMT額」が生じることとなります。

【事例５】最終親会社等が外国法人であり被部分保有親会社等が内国法人の場合

【事例】

当社は日本所在の内国法人ですが、その持分のうち60％はIIRを実施しているＸ国所在の最終親会社であるＡ社が、残りの40％はグループ外の外国法人が、それぞれ保有しています。当社はIIRを実施しているＹ国を所在地国とするＢ社の持分のうち90％を直接保有しており、残りの10％はグループ外の外国法人が保有しています。Ｂ社は軽課税国であるＺ国を所在地国とするＣ社の持分のうち90％を直接保有しており、残りの10％は当社が直接保有しています。Ｃ社の税引後当期純利益金額は2,000であり、特段の調整項目はありません。また、Ｃ社の対象租税額はＺ国における法人税額150のみであり、その他加算・減算項目に該当する租税額はありません。なお、Ｂ社の所在するＹ国に係る当期国別GMT額は発生していないことを確認しています。

このような事例で当社に生じるGMT額を教えてください。

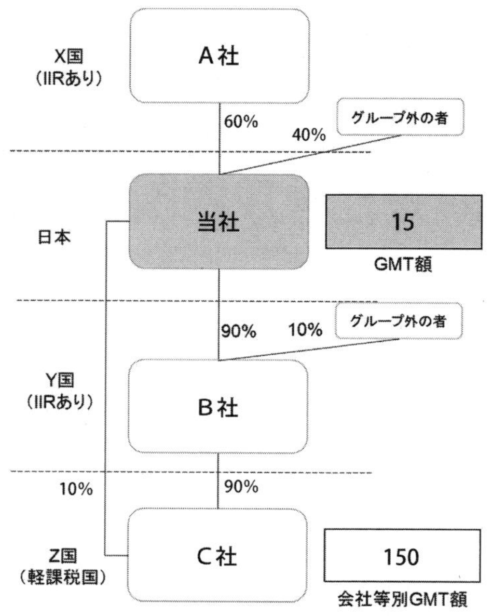

【解説】

本事例では、A社は「最終親会社等」、当社は「被部分保有親会社等」（グループ外の者による当社に対する請求権割合が40%となるため）、B社は「被部分保有親会社等」（その持分を所有する当社に対するグループ外の者による請求権割合40%にB社に対する当社の請求権割合90%を乗じた割合36%に、グループ外の者によるB社に対する請求権割合10%を足した請求権割合が46%となるため）、C社は「構成会社等」に該当します。

【ステップ①：各社の所得税と租税額の計算】

Z国を所在地国とするC社については、税引後当期純利益が2,000となっており、特段の調整項目はないため、「個別計算所得等」

の金額は2,000となります。また、C社の対象租税額はZ国における法人税の150であり、それ以外に加算・減算項目はないため、「調整後対象租税額」は150となります。

【ステップ②：各国の実効税率の計算】

Z国にはC社以外の構成会社等は存在しないため、Z国における国別グループ純所得金額は2000、国別調整後対象租税額は150、「国別実効税率」は7.5%（150／2,000）となり、基準税率15%を下回ることとなります。

【ステップ③：グループGMT額の計算】

以上に基づき、Z国における「トップアップ税率」は基準税率と国別実効税率の差分である7.5%となります。国別グループ純所得2,000にトップアップ税率を乗じると、Z国における「当期国別GMT額」は150となり、他のグループGMT額を構成する金額もないことから、Y国に係る「グループGMT額」も同じく150となります。

【ステップ④：会社等別GMT額の計算】

また、Z国を所在地国とする構成会社等はC社のみであり、グループGMT額のうち100%がC社の会社等別GMT額となるため、C社の「会社等別GMT額」（トップアップ税額）は150となります。

【ステップ⑤：GMT 額の計算】

被部分保有親会社等である当社は、GMT 法人税（又は外国におけるこれに相当する税）を課することとされている他の被部分保有親会社等にその持分の全部を直接又は間接に保有されていないため、C社に発生している会社等別 GMT 額について GMT 額の検討が必要となります。また、被部分保有親会社等であるB社も、GMT 法人税（又は外国におけるこれに相当する税）を課することとされている他の被部分保有親会社等にその持分の全部を直接又は間接に保有されていないため、C社に発生している会社等別 GMT 額について GMT 額の検討が必要となります。

当社のC社に対する「帰属割合」については、「直接保有割合」である10%に加えて、B社によるC社に対する直接保有割合である90%に当社によるB社に対する直接保有割合である90%を乗じた81%が当社によるC社の「間接保有割合」となります。したがって、当社のC社に対する「帰属割合」は91%となります。B社のC社に対する「帰属割合」は、B社によるC社の直接保有割合である90%となります。したがって、C社に生じた会社等別 GMT 額については、その帰属割合に応じて、当社には136.5の「GMT 額」が生じ、B社には135の「GMT 額」が生じ得ることとなります。

ただし、当社に生じた GMT 額のうち、当社によるB社に対する90%の直接保有割合を通じて当社に帰属するC社の会社等別 GMT 額は、A社を最終親会社等とする特定 MNE グループ等において既にトップアップ課税がなされていることとなります。したがって、「B社に帰属するC社の会社等別 GMT 額」135のうち、当社による

Ｂ社に対する90％の直接保有割合を通じて「当社に帰属するＣ社の会社等別 GMT 額」121.5は、当社に生じている GMT 額から控除することになります。すなわち、当該金額は当社のＣ社に対する帰属割合により生じている GMT 額136.5から控除されることとなり、当社の「GMT 額」は15となります。

なお、最終親会社等であるＡ社の所在地国であるＸ国においても IIR が実施されているため、Ａ社は同国においてトップアップ課税を受けることになるものと思われますが、Ｃ社に対する帰属割合によりＡ社に帰属するトップアップ税額は、Ａ社による当社及びＢ社の直接及び間接保有割合を通じてＡ社に帰属する当社及びＢ社で課税を受けたＣ社のトップアップ税額の控除により、０となるため、Ａ社がＸ国においてトップアップ課税を受けることにはならないものと考えられます。

索　引

【た】

【な】

【は】

【著　者】

鵜澤圭太郎（うざわ　けいたろう）

2012年にディーエルエイ・パイパー東京パートナーシップ外国法共同事業法律事務所に入所。現在、同事務所のオブ・カウンセル（タックスグループ代表）として、主に日系・欧米系の多国籍企業をクライアントとした税務アドバイス（国際税務・国内税務・関税）、移転価格対応（事前確認・相互協議案件の代理を含む）、税務調査対応、税務争訟代理を中心に業務を行っているほか、M＆A、各種規制法、一般企業法務についても手掛けている。主な著書に『外国子会社合算税制コンパクトガイド』、『PE（恒久的施設）課税コンパクトガイド』（いずれも、大蔵財務協会・共著）、「新訂第七版　法律家のための税法［会社法編］」（第一法規・共著）がある。中央大学法学部卒業後、東京大学法科大学院修了、ニューヨーク大学ロースクール修了（LL.M. in International Taxation）。弁護士・税理士・ニューヨーク州弁護士。

山本学人（やまもと　まなと）

2020年にディーエルエイ・パイパー東京パートナーシップ外国法共同事業法律事務所に入所。同事務所で税務アドバイス（国際税務・国内税務・関税）、移転価格対応、税務調査対応、輸入事後調査対応、M＆A、一般企業法務、不動産関連法、各種規制法等を中心に業務を行っている。主な執筆記事に「2024海外法務ニュース」（中央経済社／ビジネス法務（2024年５月号）・共著）がある。中央大学法学部卒業後、東京大学法科大学院修了。弁護士。

【編　者】

羽床正秀（はゆか　まさひで）

1968年、国家公務員上級甲種（法律）合格。1969年国税庁入庁後、30年間、主として税務行政の職務に従事。国税庁における最終のポストは税務大学校校長。1999年、当時の太田昭和アーンストアンドヤングに加入し、2009年までの10年間会長として国際税務部門の指導育成に努める。また、2014年まで麗澤大学大学院教授（租税法）として勤務。2015年から2024年まで、ディーエルエイ・パイパー東京パートナーシップ外国法共同事業法律事務所にてシニア・タックス・エグゼクティブとして、国際税務を中心に業務を行う。主な著書に『移転価格税制コンパクトガイド』（2021年）、『移転価格税制詳解』（2020年）、『外国税額控除コンパクトガイド』（2019年）、『外国子会社合算税制コンパクトガイド』（2018年）、『PE（恒久的施設）課税コンパクトガイド』（2017年）、『貿易実務と移転価格』（2011年）（いずれも、一般財団法人　大蔵財務協会・共著）等がある。京都大学法学部卒業。税理士。

【執筆協力】

毛利和人（もうり　かずと）

1976年、国税専門官合格。1977年東京国税局入局後、主として調査部において大規模法人の調査に従事し、海外取引調査、外国法人調査及び移転価格調査を担当した。退職後は大手会計事務所で移転価格業務等に従事。2011年、税理士事務所を開業した。宮崎大学卒業。税理士。

大蔵財務協会は、財務・税務行政の改良、発達およびこれらに関する知識の啓蒙普及を目的とする公益法人として、昭和十一年に発足しました。爾来、ひろく読者の皆様からのご支持をいただいて、出版事業の充実に努めてきたところであります。

今日、国の財政や税務行政は、私たちの日々のくらしと密接に関連しており、そのため多種多様な施策の情報をできる限り速く、広く、正確にかつ分かり易く国民の皆様にお伝えすることの必要性、重要性はますます大きくなっております。

このような状況のもとで、当協会は現在、「税のしるべ」（週刊）、「国税速報」（週刊）の定期刊行物をはじめ、各種書籍の刊行を通じて、財政や税務行政についての情報の伝達と知識の普及につとめております。また、日本の将来を担う児童・生徒を対象とした租税教育活動にも、力を注いでいるところであります。

今後とも、国民・納税者の方々のニーズを的確に把握し、より質の高い情報を提供するとともに、各種の活動を通じてその使命を果たしてまいりたいと考えておりますので、ご叱正・ご指導を賜りますよう、宜しくお願い申し上げます。

一般財団法人 大蔵財務協会
理事長 木 村 幸 俊

令和6年版 グローバル・ミニマム課税コンパクトガイド

令和６年７月11日 初版印刷
令和６年７月29日 初版発行

不許複製

著者 鵜澤 圭太郎
山本 学人
編者 羽床 正秀
（一財）大蔵財務協会 理事長
発行者 木村 幸俊

発行所 一般財団法人 大蔵財務協会
〔郵便番号 130-8585〕
東京都墨田区東駒形1丁目14番1号
（販 売 部）TEL03（3829）4141・FAX03（3829）4001
（出版編集部）TEL03（3829）4142・FAX03（3829）4005
https://www.zaikyo.or.jp

乱丁・落丁はお取替えいたします。 印刷 恵友社
ISBN978-4-7547-3204-2